鈴木翼の
GO!GO! ほぐせ！からだじゅう
あそびうた

鈴木 翼／著

すずき出版

はじめに

　保育園で働いている時に、僕は歌をつくりはじめました。きっかけは、子どもとこんな風にあそびたいなと思っても、それにあう歌がない、ということだけでした。ないからつくる。

　そしてどんどん歌ができていきました。

　しかし、全部がウケるかというと、そうでもなく、全然あそびが広がっていかないものもあります。

　子どもたちは正直なので、つまらないものはやろうとしません。試行錯誤をくり返しながらでき上がっていきます。そしていい歌は、あそび終わってすぐに子どもたちが口ずさみはじめます。それがなによりもうれしい時です。

　そしてそういう歌ができるのは、たいてい自分が子どもに戻っている時なのです。

　僕は自分が元気のない時に、子どもたちから元気をもらっています。大人に疲れたら子どもに戻ってあそぶことで、元気になるのです。とても不思議な感覚です。

　大人はコンサートに行った時など、大声を出したりして、子どもみたいにはしゃぎます。あれは子どもに戻って元気になっているのではないかなと思うのです。

　もう大人は子どもにはなれません。

　でも、気持ちは戻ることができると思います。あそび歌には、そんな力があるのではないでしょうか？

　だからといって、あそび歌ですぐに子どもの気持ちに戻れない場合もあるかもしれません。

　保育士になったばかりの時、僕は子どもたちと一緒に踊るのをはずかしがっていました。今では考えられませんが。

　いつから子どものようになれたのか、はずかしくなくなったのか、それは覚えていません。たぶん、子どもたちが教えてくれたのだと思います。

　気づいたら一緒に笑いながら踊っていました。

　子どもに自分をあわせていくことで、いつのまにか楽しさがあふれてきます。そして、子どもの気持ちになっているんです。

　子どもに戻ってつくったあそび歌たちをこれから紹介します！
　たくさんあそんでいただきたいです！
　そして、子どもに戻ってあそぶ瞬間を楽しんでください！
　明日の保育が楽しくなるように！

　　　　　　　　　　　　　　　　　　　　　鈴木 翼

Contents

Part 1　ふれあってGO!

1　はみだしたチーズ —————————————— 8
2　なまえをよぶよ —————————————— 10
3　ハサミムシ —————————————————— 11
4　ぐるぐるぱっ —————————————————— 12
5　ふっふっふー —————————————————— 14
6　ケータイがなっている ————————————— 16
7　おえかきしちゃいましょ ———————————— 18
8　ぽんぽんぽん —————————————————— 20
9　ゴトゴンでんしゃ ——————————————— 22
10　ぎゅーっぽん！！ ——————————————— 24

Part 2　シアターでGO!

11　ひみつのくすり ———————————————— 28
12　ペープサート3種 ——————————————— 30
13　どっちちどっち ———————————————— 40
14　3つのとびら —————————————————— 46

Column

保育現場への想い ——————————————————— 6
子どもの頃のこと❶小人たちに会いたくて ——————— 38
子どもの頃のこと❷風太郎 風の助 ——————————— 65
あそび歌をつくるということ ————————————— 80

Part 3　踊ってGO!

- 15　こころがおどる ……… 50
- 16　まほうのとびら ……… 52
- 17　やわらかなうた ……… 54
- 18　せんたくサンタクロース ……… 56
- 19　ほぐせ！からだじゅう ……… 58
- 20　へそダンス ……… 62
- 21　サンタさんといっしょに ……… 66
- 22　すなばでカフェラッテ ……… 68
- 23　みてみてサーカス ……… 72
- 24　宇宙旅行へいこうよ ……… 74
- 25　ぐっばいばい ……… 76

Part 4　歌ってGO!

- ♪おいけのハーモニー ……… 82
- ♪春はルンバルンバ ……… 84
- ♪どろきょうりゅう ……… 86
- ♪ほしのようにかぜのように ……… 88

- GO!GO! あそびうた 分類さくいん ……… 90
- 本書のあそびうた 収録CD／初出～掲載誌・CD一覧 ……… 92
- あとがき ……… 94
- プロフィール ……… 95

保育現場への想い

「保育士をしているなんて、子どもが好きなんですねー」
と、勤めていた頃、よく言われました。

でも、好きだから、だけではできない仕事です。

保育士を目指したのは、もちろん子どもが好きだからという単純な気持ちでした。

中学生になるまで、向かいの家の小学生や、もっと小さい子どもたちと探検をしたり、ドッジボールをしたり、泥んこになってあそぶのが大好きだったこともあり、保育士になることに不安はなかったように思います。

しかし、現実は甘くありません。毎日仕事を持ち帰り、残業だって毎日します。行事前は、プライベートなんてなかったかもしれません。

毎年、辞めようと思いました。それが何年か続きました。

でも辞めませんでした。

それは、子どもたちと過ごす毎日、成長を感じる瞬間、喜びが多かったからだと思います。そして、一緒に働く仲間がいたからだと思います。

その想いは、年を重ねるごとに大きくなりました。

結果、僕は8年間保育園に勤めました。たくさんの子どもたちと出会い、たくさんの経験をさせていただきました。

途中で辞めなくてよかったと本当に思っています。

今は現場を離れてしまいましたが、あの日々は忘れられません。

だからこそ、現場で子どもたちと楽しい時間をつくれるような歌やシアターをつくり続けていきたいと思います。

いつでも心は現場によりそって。

Part 1 ♪
ふれあってGO!

0、1、2歳のあそびは、くり返しあそんでいるうちに、どんどん楽しさがわかって広がっていきます。最初はあまり食いつかなくてもちょっと続けてみてください。
昨日は踊っていなかったあの子が、次の日はいきなり体を揺らして踊り出したりする。その瞬間がとても楽しいのです。
乳児クラスや子育て支援センターなどで、ぜひあそんでみてください！

はみだしたチーズ

0〜6歳

乳児さんが大好きな〝いないいないばあ〟のあそび。「ヤァ」と顔を出すところで、子どもたちが笑うのがとてもかわいいですよ。
慣れてきたら「先生と一緒だったらOK」というまねっこあそびにしても楽しめます。

①パンからチーズがはみだした

①両手で顔をかくし、上下に動かす

②ヤァ

②右から顔を出す

③あっちへこっちへはみだした

③①と同じ動作をくり返す

④ヤァ

④左から顔を出す

⑤ヤァ ヤァ

⑤右、左と顔を出す

⑥ニュ〜

⑥顔をかくす

⑦ヤァ

⑦右(または左)から顔を出す

※最後の「ヤァ」のところは右か左をランダムに選びましょう。

アレンジ1

左右であそんだら、次は上下であそびましょう。
また年齢が上の場合は、上下・左右をまぜ、選択肢をふやすといいでしょう。左右に割れるパターンも入れると楽しいです。

アレンジ2

2人で向かいあって行い、最後が一緒だったら「イェーイ」、ちがっていたら肩を落としてがっかりします。参観日などの親子あそびにもぴったりです。できたペアから座っていく競争も楽しいですね。
※子ども同士であそぶなら4、5歳からがいいでしょう。

2 なまえをよぶよ

0〜6歳

みんなが大好き〝おへんじあそび〟。子どもたちと歌いながら楽しくコミュニケーションしましょう。名前やグループを呼んだり、いろいろなことを聞いたりして、みんなが参加できるようにしましょう。

★歌いながらリズムにあわせて、みんなで手を叩きます。

アドバイス

* ひとりひとりを呼んでもいいし、「ヒヨコぐみさ〜ん」など、クラスごとに呼ぶと集中できます。
* 子育て支援などの導入で、自己紹介のかわりに、お母さんの名前、子どもの名前、両方を呼んであげるといいでしょう。

なまえをよぶよ　　作詞・作曲／鈴木翼

3 ハサミムシ　1〜6歳

「ハサミムシがやってきた！ はやくにげないとたべられちゃうぞ〜」
「それ！」の合図であそびがスタート！　両足で子どもをガシッと
はさんでつかまえて、思い切りくすぐっちゃいましょう。

★くすぐるハサミムシの
　足の間から、逃げ出す
　ようにがんばる。

ポイント

＊逃げられるか、逃げられないかくらいの力でつかまえると盛り上がります。
＊なかなかふれあえない子どもたちと接する、きっかけのあそびにぴったり！ 自由保育の時間等を
　利用するといいでしょう。年長の子どもたちとも、たくさんふれあってあそびましょう。

4 ぐるぐるぱっ

2〜6歳

小さい子でもできる「かいぐり」で、かんたんな手あそびです。
ぐるぐるくるくる…さあ何ができるかな？

①ぐるぐるぐるぐるぐるぐるぐるぐる ぐるぐるぐるぐる　　　②ぱっ　　　（①②を3回くり返す）

①握った手を胸の前でグルグル回す（かいぐり）

②両手を前で開く

③ぱぱぱぱぱぱぱ　　　ぐるぐるぐるぐる　　　ぱっ

③開いた手を交互に上下させる

①と同じ

②と同じ

歌の後に「パー」「チョキ」「グー」のいろいろなポーズであそんでみましょう！

パー

バシャバシャ バシャバシャ およぎましょ！

パーパーせいじんになってコチョコチョ〜〜

おちばがヒラヒラおちてきた

チョキ

グー

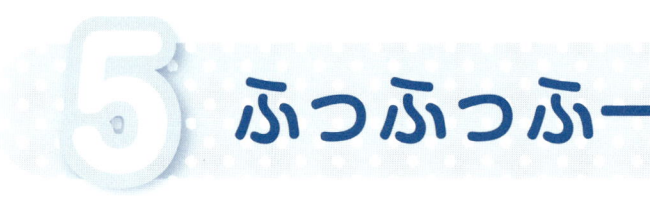

5 ふっふっふー 0〜2歳

「ふーっ」と息をかけるだけで赤ちゃんは喜んでくれます。ゆったりとした気分で、歌いながらふれあいを楽しんでください。でも餃子を食べた次の日は、すごい顔をしたりしますので要注意です！

①かぜがふいてきた

①子どもをひざの上に乗せて向かいあい、左右に優しく揺らします

②（ふー）

②子どもの顔に、優しく息を吹きかけます

かぜがふいてきた

①と同じ

（ふー）

②と同じ

③あなたのおかおに

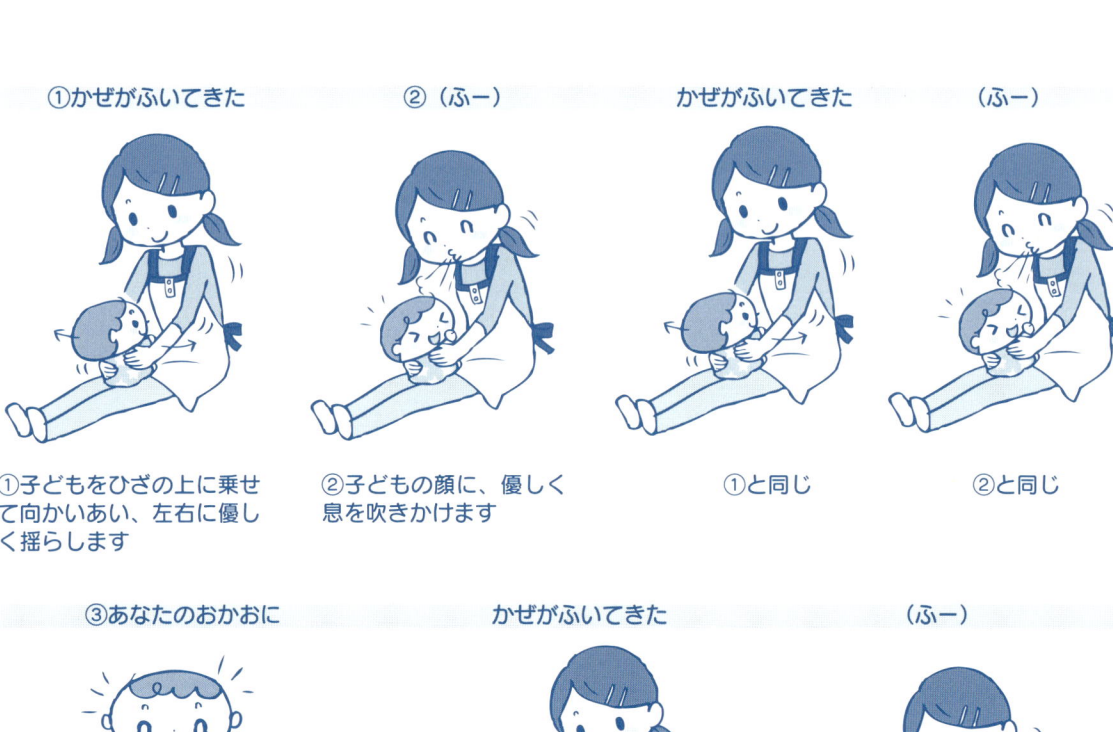

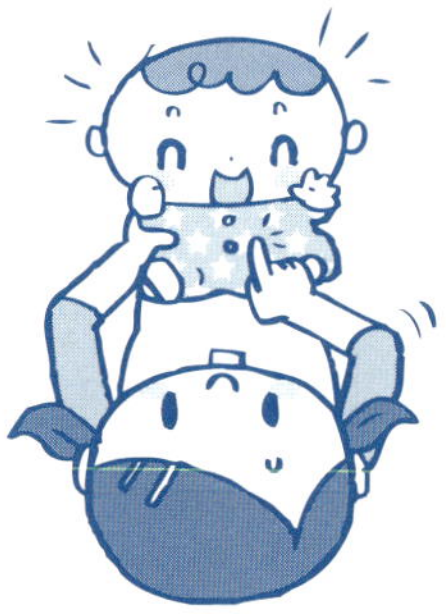

③子どもの顔や体を指で優しくさわります

かぜがふいてきた

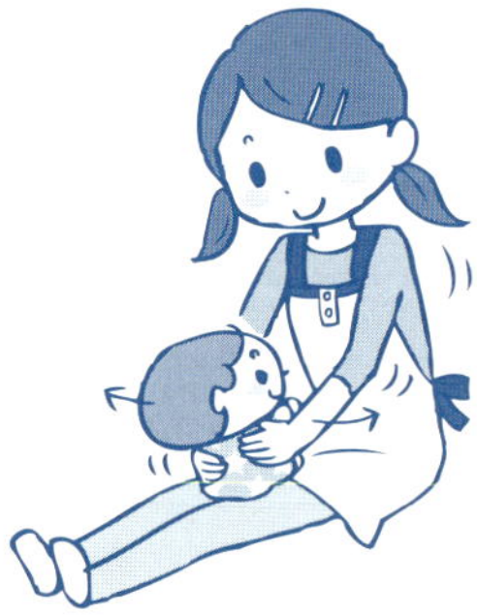

①と同じ

（ふー）

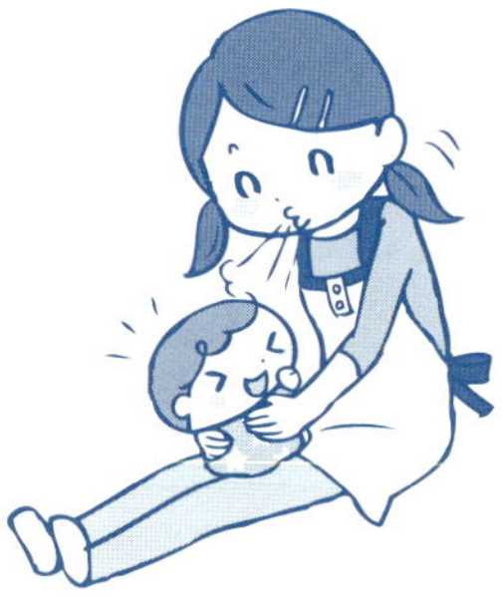

②と同じ

あなたのおかおに

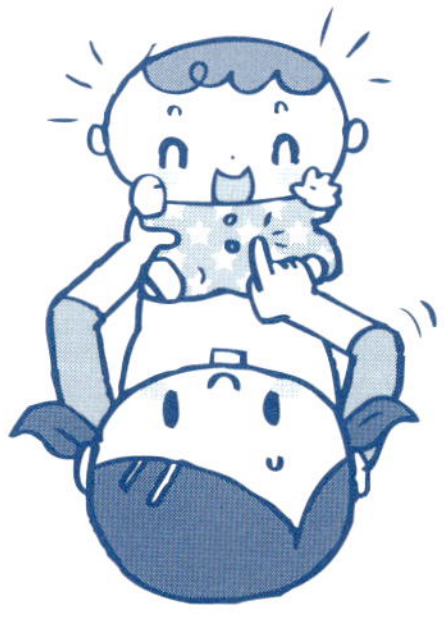

③と同じ

かぜがふいてきた

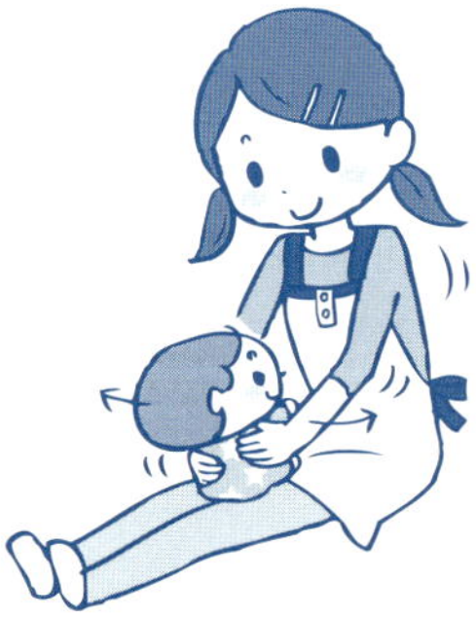

①と同じ

（ふー）

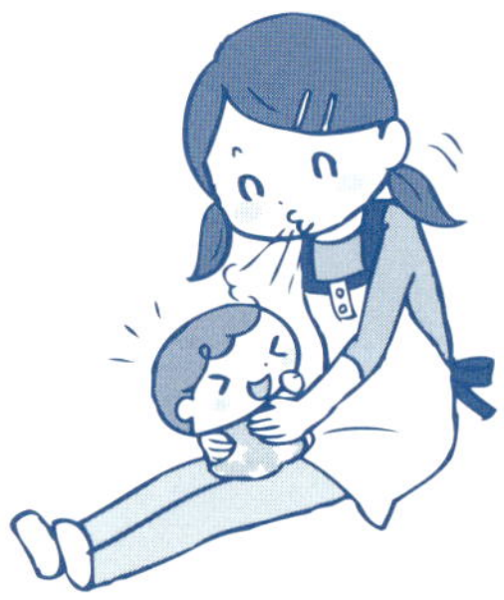

②と同じ

保育士になったばかりの頃。初めて会った赤ちゃんと、どうあそんでいいかわからず、あの手この手で喜びそうなことをしてみたところ、一番笑ったのが、顔に「ふーっ」と息をかけることでした。

何気ないことが一番楽しいということを、僕はそこで知ることができたように思います。何が楽しいのかな？ と考えながら、子どもに自分をあわせていくことが大切なんだと気づいた瞬間でした。

その後、あそび歌や伝承あそびを知っていくうちに、その中には息を吹きかけるあそびがたくさんあることがわかってきました。なので、今回の掲載は少し迷ったのですが、これは僕と、初めて出会ったあの子との間にできた新しいあそびとして紹介し、これからも歌っていきたいと思っています。

ポイント

オムツがえの時など、おしりや足に息を吹きかけながらあそぶと楽しめますよ。

アレンジ

* 「あなた」を、子どもの名前に言いかえて歌いましょう。
* 「おかお」は「おてて」「おみみ」などに歌詞をかえて、いろいろなところに息を吹きかけてあげましょう。

ケータイがなっている 0〜6歳

大人は床に座り、足の上に子どもを乗せて抱きます。携帯がわからない小さい子でも、〝ブルブル〟の動きは楽しくて大好きです！親子でブルブルあそびましょう。

①カバンのおくで ケイタイがなっている　②ブルブルブー（4回）　③マナーモードになっている　④ブルブルブー（3回）

①大人は子どもを抱え、体を左右に揺らす

②2人とも体をブルブル震わせる

③子どものわきばらを人さし指でツンツンつつく

④ ②と同じ

1番－③あっ きれちゃった

③携帯を閉じるイメージで、体を前に倒す

2番－③あっ もしもしも

③受話器のように、子どもの手を取って耳にあてる

※「もしもしも」はまちがいではありません！翼流の言い方です。

アレンジ

乳児と行う時は、向かいあわせに抱えると、安心した気持ちであそべます

子どもの背中に口をあてて「もしもしも〜」と言っても楽しいですね

つばさの つぶやき

僕はカバンの中に携帯を入れてしまい、鳴ってもなかなか気づかないことが多い。マナーモードでブルブルいっているのにやっと気づいて、電話に出た時にはだいたい切れてしまっています。

そんな悲しさを詩に込めましたが、それが伝わったのか、中川さんのメロディーはどこか悲しく、昭和のかおりに包まれていて、すばらしい。

あそびの中ではちゃんと電話に出られるようにしました。

小さい子だけでなく、大きいクラスの子どもたちとも、ブルブルあそんでもらえたらうれしいです。

ケータイがなっている

作詞／鈴木翼
作曲／中川ひろたか

♩=148

カバンの おくで　ケイタイが なって いる
ブルブルブー　ブルブルブー　ブルブルブー　ブルブルブー
マナーモードに なって いる　ブルブルブー　ブルブルブー
ブルブルブー　あっ あっ　きれちゃっても し もし たも

おえかきしちゃいましょ 0〜6歳

本当に、体のいろいろなところに絵を描いたら楽しそう。
でも、それはなかなかできないから、つんつんこちょこちょ、うそっこ
でお絵描きしちゃいましょ！

1番 ①せなかにおえかきしちゃいましょう　②まるかいて まるかいて　③ちょん ちょん ちょん

 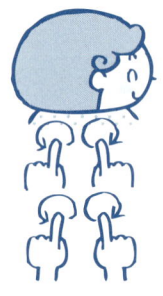 

①背中を上下にさする

②背中の上の方、次に下と、両手の指先で同時に丸を描く

③上から下へ3回、背中をやさしくつつく

2番 ④おなかにおえかきしちゃいましょう　⑤まるかいて まるかいて　⑥つん つん つん

④おなかを上下にさする

⑤ ②と同じようにおなかの上、下で丸を描く

⑥指先でおなかを交互につつく

3番 ⑦あしのうらにおえかきしちゃいましょう　⑧まるかいて まるかいて　⑨こちょこちょ こちょこちょ こちょこちょ

⑦片手で片足を持ち、もう一方の手のひらで足の裏をなでる

⑧足の裏に丸を2回描く

⑨足の裏をくすぐる

　つんつんしたり、こちょこちょしたり、子どもと一緒に笑いあう時間が、僕は一番大好きです。じゃれあっていると、その子との距離が縮まっていく感じがします。しかし、いきなりじゃれあうのが苦手な子どももいます。

　その見極めがむずかしい。結果、ふれあいあそびが苦手な子とは、信頼関係ができるまで待つようにしました。

　その子がこちらを向いてくれた時の、じゃれあってあそぶうれしさは、なにものにもかえられない喜びになります。

アレンジ

＊この他にも、頭とか、おしりとか、わきの下、いろいろな場所にお絵描きをしてあそびましょう。
＊ちょっと大きい子とあそぶ時は、お絵描きしてほしい場所を聞いてあそんでも楽しいですね。

8 ぽんぽんぽん  0～2歳

かんたんな動作のくり返しが、子どもたちは大好き！
ぽんぽん、ブルブル、ドスン、ホイ…先生と子ども、または親子で、
一体感を感じながらあそびましょう。

1番～4番　ぽーんぽーんぽんぽんぽん～ゆれますよ
　　　　　ぽーんぽーんぽんぽんぽん～おちますよ
　　　　　ぽーんぽーんぽんぽんぽん～だいジャンプ
　　　　　ぽーんぽーんぽんぽんぽん～さあどっち

1番　ブルブルブルブル

ひざの上に子どもを乗せて、曲にあわせてリズミカルに上下にはねさせる

子どもの全身をブルブルブルっと揺らす

2番　ド～ン

3番　ホイ

閉じていた自分の足を開き、その間に子どもをドスンと座らせる

〝高い高い〟をする

> 4番は「さあどっち」の後、1・2・3番の動作の中から自由に選んであそびます！

つばさのつぶやき

　子育て支援センターに勤めていた頃、来てくれた親子のみなさんと、よく楽しんでいたあそびです。

　〝高い高い〟や、またを開いてドスン！と落とすなど、単純なくり返しを子どもたちは喜びますが、何度もするのは大人にとっては結構つらいもの。そんな時、お母さんたちには「お母さん、二の腕ダイエットですよ〜」なんて言うと、あそびの真剣さがかわります。

　終わった後に「〝高い高い〟多くやっちゃった。二の腕にきたわ〜」と盛り上がったりしたものです。

　乳児参観や運動会など、親子でも取り組めるようにダイエットふれあいあそびを取り入れてみてください。

ポイント
子育て支援、参観日、運動会、乳児参観などに取り入れやすいあそびです。

アドバイス
2人だけであそぶ時は、安心できるように、向かいあって行いましょう。

ぽんぽんぽん

作詞・作曲／鈴木翼

ぽーん　ぽーん　ぽん　ぽん　ぽん　おーしーりーが
はすむよー　ぽーん　ぽーん　ぽん　ぽん　ぽん
ゆーれまーすーよー　　　プルプルプルプル
おーちまーすーよー　　　ドーン
だーいジャーンプ　　　　ホイ
さーあーどーーっち　　　（自由に）

ゴトゴンでんしゃ　　1〜6歳

子どもたちが大好き〝電車あそび〟。電車になって出発です！
のりかえがとっても楽しくて、盛り上がりますよー！

①ゴトゴンゴトゴンゴットゴンでんしゃ　どこでもどこでもどっこでも はしる

①１人が前で電車を運転、１人は前の人の肩に手を置いて、足並みをそろえて、歌にあわせて大きく歩いて回る。「しゃ」で一旦ピタッとストップし、「どこでも」から続けて回る

1番-②やまのうえも そらのうえも〜はしっていくよ　　③ゴトゴンゴトゴン〜どこでもどこでも どっこでも

②スピードを上げて走って回る

③ ①と同じ

1番・2番-④のりかえ　　　　　　　　　　3番-④とうちゃく

④役割を交替し、回る方向をかえる　　　④ストップする

アレンジ１

＊４〜６歳児の集団あそび
３、４人で電車になって「のりかえ〜」の声で、いっせいに、一番後ろの人が好きな電車にのりかえます。
「車掌さんだけのりかえ」と、パターンをかえてみてもいいでしょう。

2番-②やまのうえも～はしっていくよ　　　3番-②やまのうえも～はしっていくよ

②前の人が好きなようにジグザグに走る　　　②後ろの人が前の人を引っぱるようにバックで走る

アレンジ2

＊1歳児のあそび
ダンボールで作った電車に入り、歌に
あわせて動くだけでも楽しいです。

ゴトゴンでんしゃ

作詞／鈴木翼
作曲／中川ひろたか

♩=132

ゴトゴンゴトゴン ゴットゴン でん しゃ

どこでもどこでも どっこでも は しる

やまのうえも そらのうえも うみのうえまで はしっていくよ

ゴトゴンゴトゴン ゴットゴン でん しゃ

どこでもどこでも どっこでも　(1・2番)のりかえ
　　　　　　　　　　　　　　(3番)とうちゃく

10 ぎゅーっぽん!!　　1～6歳

小さくなって「ぽん!」とはねるジャンプは、小さいクラスの子どもたちも大好きです。「ふしぎなタネをみんなにあげるよー」と言ってタネをまくふりをしてから踊ると、より盛り上がります!

1番　①ぐーりゅ ぐーりゅぐーりゅ ぐーりゅりゅー　　②めがでて　　③きたぞ　　④ぐーりゅ～

①しゃがんで胸の前で手をあわせ、体を揺らしながらゆっくり立ち上がり、手を上に上げる　　②握ったこぶしを胸でクロスさせる　　③手を開きながら両腕を広げる　　④①と同じ

⑤はっぱもでて　　⑥きたぞ　　⑦ぎゅーっ　　⑧ぽん　　⑨ぎゅーっぽん(×3)

⑤上げた手の片方を横に広げる　　⑥もう片方も横に広げる　　⑦軽くかがんで縮こまる　　⑧はじけるように両手を広げてジャンプ!　　⑨⑦⑧のくり返し

⑩げんきな はなが　　⑪さきまし　　⑫た

⑩ガッツポーズを作り、2回ひざを曲げ伸ばしする　　⑪しゃがんで小さくなる　　⑫両手両足を大きく広げて、はじけるようにジャンプ!

2番　①もーじゃ もーじゃ～なんだかでて きたぞ　　　②もーじゃもーじゃ～どんどんでて きたぞ

①開いた手を腰のあたりで動かしながら、横向きで右に4回軽くジャンプ、「なんだか～」で左に4回ジャンプ　　②今度は左に4回ジャンプして、「どんどん～」で右に4回ジャンプ

③もーじゃ　　　　④ぽん　　　　⑤もーじゃぽん（×3）　　⑥どんどこふくらむ

③両手で髪の毛を　　④両手を大きく　　⑤③④のくり返し　　⑥手拍子
つかむ　　　　　　　上に広げる

⑦もーじゃもーじゃ　　　　　　　　　　⑧ぴゃー

※ジタバタする
ような感じ

⑦ひざを曲げながら、両手を　　⑧両手を上げ、その場で
2回握って開く　　　　　　　　大喜びするような動作

3番　①さーら さーらさら〜かぜがふいて きたぞ　　②さーら さーらさら〜そらまで ふわり

①フラダンスのような動きで右に動き、　　②今度は左に動いてから、「そら
「かぜが〜」で左に動く　　　　　　　　　まで〜」で右に動く

③ふーわ　　　④ぽん　　　⑤ふーわぽん（×3）　　⑥くものおふとん　　⑦いいきもち

③投げキッスのよう　　④両手を大きく　　⑤③④のくり返し　　⑥ふわふわふわと両手　　⑦両手を頬にあて
に両手を口元に　　　　上に広げる　　　　　　　　　　　　　　　で雲を描いておろす　　　眠るポーズ

アレンジ

最後は床に寝てしまって
もいいですね。
「おはよう！」で飛び起き、
「おやすみ！」でまた寝る
をくり返すと楽しいです
よ。

楽譜は
次ページ→

ぎゅーっぽん！！

作詞・作曲／鈴木翼

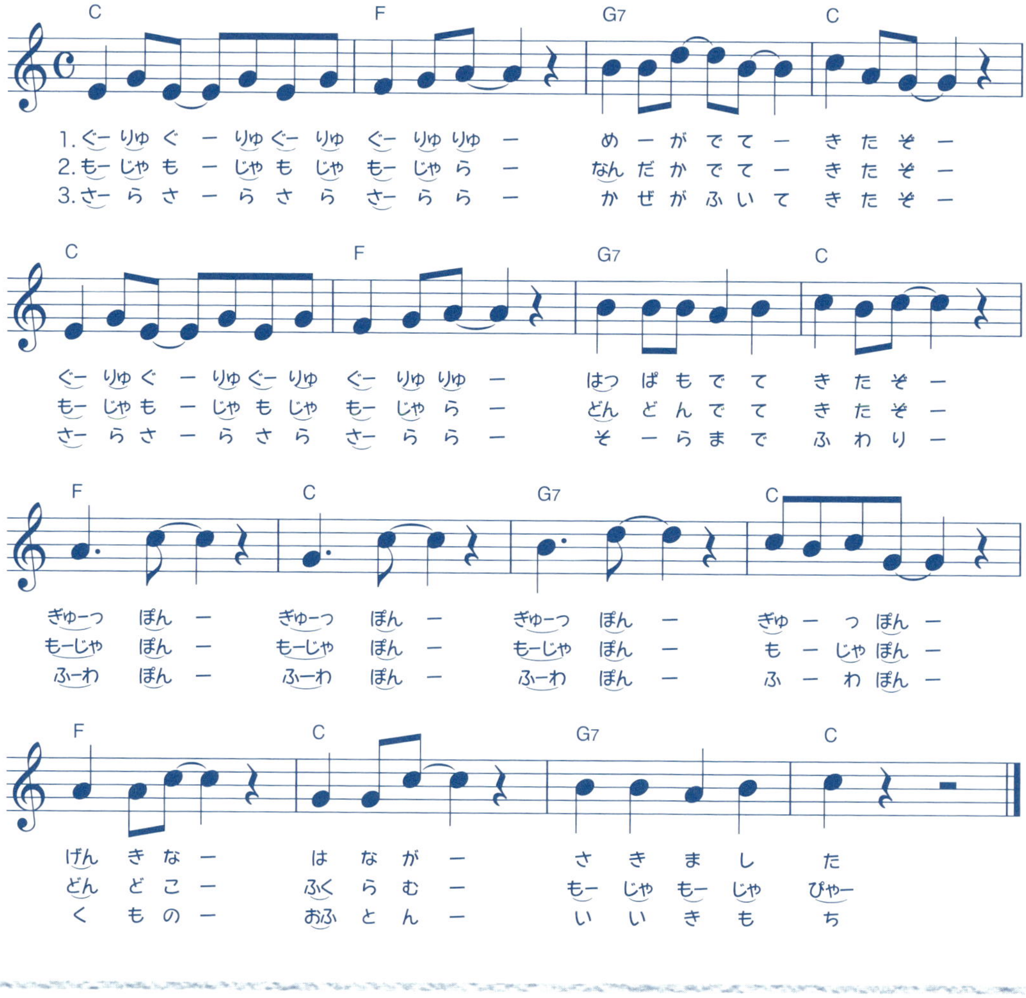

1. ぐーりゅぐーりゅぐーりゅぐーりゅりゅー　めーがでてーきたぞー
2. もーじゃもーじゃもじゃもーじゃらー　なんだかでてーきたぞー
3. さーらさーらさらさーららー　かぜがふいてきたぞー

ぐーりゅぐーりゅぐーりゅぐーりゅりゅー　はっぱもでてきたぞー
もーじゃもーじゃもじゃもーじゃらー　どんどんでてきたぞー
さーらさーらさらさーららー　そーらまでふわりー

ぎゅーっぽんー　ぎゅーっぽんー　ぎゅーっぽんー　ぎゅーっぽんー
もーじゃぽんー　もーじゃぽんー　もーじゃぽんー　もーじゃぽん
ふーわぽんー　ふーわぽんー　ふーわぽんー　ふーわぽん

げんきなー　はながー　さきましたー
どんどこー　ふくらむー　もーじゃもーじゃぴゃー
くものー　おふとんー　いいきもち

Part 2
シアターで GO!

紙皿シアター、ペープサート、スケッチブックシアター、封筒シアター。
誕生日集会やクラスで集まった時に、すぐできて、子どもたちとやりとりを楽しめるあそびを集めました。
実際に現場で使ってきたものばかりです。
シアターあそびで GO！

ひみつのくすり

2～6歳

3枚の紙皿に絵を貼って、切り込みを入れたら、しかけは完成！
絵がどんどんかわっていく不思議さに、子どもたちも目が離せません。
よく練習してから、手品のように上手に演じましょう。

ひみつのくすりでリンゴがふえる？

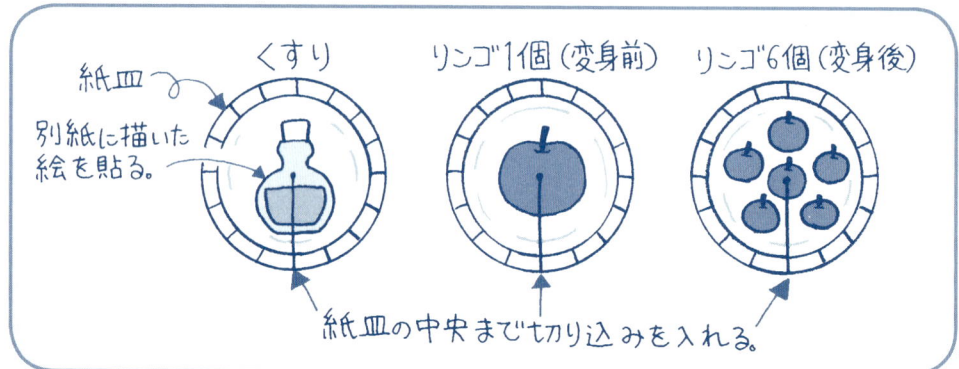

リンゴ1個のお皿を見せます。

保育者　ナナちゃんの誕生日にリンゴをプレゼント。
　　　　でもひとつじゃ寂しいね。

くすりのお皿を見せます。

保育者　これは何をかくそう、ひみつのくすり。

①左手に1枚（A／「リンゴ1個」）、右手に2枚（B／見える方に「くすり」、後ろに「リンゴ6個」）の紙皿を持つ。

保育者　このくすりをリンゴにかけるよ！
　　　　さあ、何が起こるかな？

②AにBを重ねる。
　（切り込みの位置をそろえて持つ）。

♪リンゴがひとつ　ありまして～（歌を歌う）

③下の2枚のお皿（「リンゴ1個」と「リンゴ6個」）の切り込みに「くすり」の切り込みをはさみ込み（1番下のリンゴ1個の切り込みまで）、歌を歌いながら「くすり」を左手で下に回していく。→「リンゴ6個」が一番前に出てくる。

保育者　ほら、リンゴがいっぱいになったね。
　　　　はい、プレゼント。

手に持って、あげるまねをしましょう。

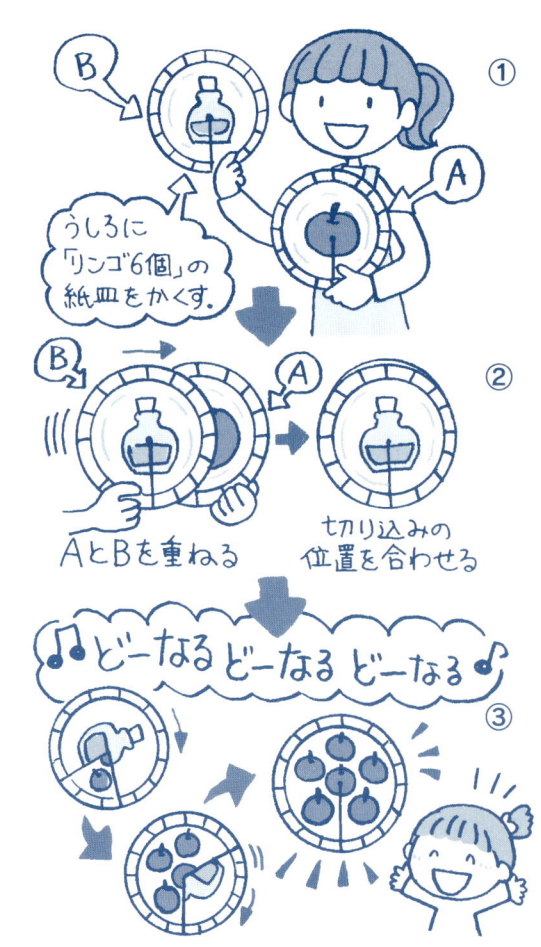

バリエーション

大きいゾウが→小さいゾウに！

♪ゾウがいっぴき
　おりまして
　ひみつのくすりをかけました
　どーなる　どーなる　…
　ゾウさんちいさくなりました

イチゴが→ゴリラに！

♪イチゴがひとつ
　ありまして
　ひみつのくすりをかけました
　どーなる　どーなる　…
　ゴリラになりました

泣き顔が→笑顔に！

♪ないてるこどもが
　おりまして
　ひみつのくすりをかけました
　どーなる　どーなる　…
　えがおになりました

※（　）の部分を自由にかえて歌いましょう。回すタイミングにあわせて、「どーなる」を何度もくり返して歌ってもOKです。

12 ペープサート3種 2〜6歳

毎日の保育で使える、身近なテーマのお話を3編集めました。

げんきにあいさつ！

すぐできるので朝の集まりにぴったり！
日によって使用する人形をかえたり、会話を
アレンジしたりしてみましょう。

使用する人形たち
ネコ　パンダ　ゾウ

保育者　おはよう！
　　　　今日は先生のお友だち、ゾウさんを紹介します。
　　　　みんなで呼んでみましょう！

保育者・子どもたち　ゾウさ〜ん！

ネコ　♪ぞうさん　ぞうさん　おはなが　ながいのね

★「ぞうさん」を歌いながら、ネコの人形を出す。

ネコ　おはよう、みんな！　わたし、ゾウ！

保育者　え〜！！　違うよ、ね〜〜〜〜？！

★子どもたちに問いかけるように。

ネコ　パオーン、パオーン。

保育者　ネコさんでしょ！

ネコ　あれ、ばれちゃった？

保育者　そりゃ、ばれるよね。
　　　　じゃあ、もう1回ゾウさんを呼んでみようね。
　　　　せ〜の。

みんな　ゾウさ〜ん！

パンダ　♪ぞうさん　ぞうさん　おはなが　ながいのね

★「ぞうさん」を歌いながら、パンダの人形を出す。

パンダ　ぼく、ゾウさん。よろしくね！

保育者　え〜！！　違うよ、ね〜〜〜〜？！

★子どもたちに問いかけるように。

パンダ　ドシーン、ドシーン。ゾウだゾウ。

保育者　パンダくんでしょ、パ・ン・ダ・く・ん。

保育者がネコを片手に持ち
ゾウのまねをする

> ★ ポイント
>
> ＊シナリオ通りにしなくても、動物たちがまちがったことを言うと、子どもたちは「ちがうよ」と、自然につっこみを入れて喜びます。セリフはその都度、かえていきましょう。
> ＊最後のあいさつを言う時も、わざとまちがえて「いってきます」や「おやすみなさい」など、いろいろな言葉にアレンジすると、何度でも楽しめます。

パンダ　　あれ、ばれちゃった？

保育者　　おかしいなあ。
　　　　　今度こそゾウさんを呼んでみよう。
　　　　　せ〜の。

みんな　　ゾウさ〜ん！

ゾウ　　　♪さいた　さいた　チューリップのはなが

★「チューリップ」を歌いながらゾウの人形を出す。

ゾウ　　　みんな、おはよう！
　　　　　ぼく、チューリップだよ！

保育者　　え〜！！違うよ、ね〜〜〜〜？！

★子どもたちに問いかけるように。

ゾウ　　　♪ちょうちょう　ちょうちょう
　　　　　チューリップにとまれ

★「ちょうちょう」のメロディーで歌う。

保育者　　ゾウさんでしょ、ゾ・ウ・さ・ん。

ゾウ　　　あれ、ばれちゃった？

保育者　　みんな、おかしいんだから。
　　　　　でも、みんなそろったから、
　　　　　あいさつしましょう。
　　　　　今は朝だから「おはよう」だよね。
　　　　　せ〜の。

動物たち　いただきま〜す！

保育者　　え〜！！違うよ、ね〜〜〜〜？！

★子どもたちに問いかけるように。

動物たち　あはははは、まちがえた。じゃあ
　　　　　今度はみんな、一緒にね！

保育者　　せ〜の。

みんな　　おはようございます！

保育者　　上手にあいさつもできたし、
　　　　　今日もみんなでたくさんあそぼうね。

いいゆめみようね！

子どもたちが落ち着いておひるねできるように
と考えたペープサートです。

★ネコの人形を出して。

保育者　今日はネコさんと一緒におひるねしましょう。

ネコ　　わたし、まだ眠たくない。

保育者　そう？　でも、いっぱい眠ると
　　　　いい夢を見られるかもしれないよ。
　　　　先生はこの前、おいしいケーキを食べる夢、見ちゃった。

ネコ　　え～！　いいな、わたしも見たい！
　　　　みんなもケーキを食べる夢、見たいよね！

★子どもたちに問いかける。

保育者　じゃあ、ゆっくり目を閉じて。
　　　　いい夢を見られる魔法の歌を歌いましょう。

★ネコを裏返す。

保育者　♪ねむれ　ねむれ　ネコさん　ねむれ
　　　　　とんとん　してたら　ゆめのなか

★「シューベルトの子守歌」のメロディーで歌う。

ネコ　　グーーーー。

保育者　あれっ、ネコさん、もう寝ちゃった！
　　　　ケーキの夢を見ているかもね。

★ケーキの絵を出す。

保育者　じゃあ、みんなもネコさんとケーキに
　　　　タッチして寝ようね。
　　　　ケーキの夢、見られるかな？

★子どもひとりひとりを、人形にタッチさせる。

アドバイス

＊人形にタッチしたり、スキンシップをしてから眠るなど、毎日、寝る前にすること
　（入眠儀式）を決めておくと、安心して眠りにつけるようになります。
＊日がわりで、人形や夢の内容もかえて、毎日楽しめるようにしましょう。

あしたもあそぼう！

「今日も1日楽しかったね！ あしたも一緒にあそぼうね」と、翌日へのワクワク感を高めましょう。

保育者　今日も楽しかったね。あしたは何してあそぼうか？
　　　　ネコさんは何してあそぶ？

★ネコの人形を出す。

ネコ　　わたしは、ぬいぐるみとおままごと。
　　　　お母さんになるんだ。

★ぬいぐるみの絵を出し、
　ちょっとあそぶまねをしてから。

ネコ　　一緒にあそぶ人！

子どもたち　は〜〜〜〜い！

★人形をいったんしまう。

保育者　パンダくんは？

★パンダの人形を出す。

パンダ　ぼくは、サッカー！

★サッカーボールの絵を出し、
　ちょっとあそぶまねをする。

パンダ　一緒にやる人！

子どもたち　は〜〜〜〜い！

★人形をいったんしまう。

保育者　ゾウさんは何してあそぶ？

★ゾウの人形を出す。

ゾウ　　ぼくは、
　　　　すべり台であそびたい。

★すべり台の絵を出し、ちょっとあそぶ
　まねをしてから。

ゾウ　　一緒にやる人！

子どもたち　は～～～～い！

ゾウ　　それからね、穴を掘って、
　　　　中に入ってじっとしていようかな…。

★すべり台の絵をしまい、穴の絵を出す。

ゾウ　　一緒に穴を掘ってくれる人！

子どもたち　は～～～～い！

★穴の絵をいったんしまい、あらためて
　ネコ、パンダ、ゾウの人形を持つ。

保育者　じゃあ、あしたもあそぼうの歌だよ。
　　　　♪あしたもね　あそびましょ
　　　　　いろんなことして　たのしくわははは
　　　　　あしたもね　あそびましょ　ヘイ！

★「ぶんぶんぶん」のメロディーで歌う。

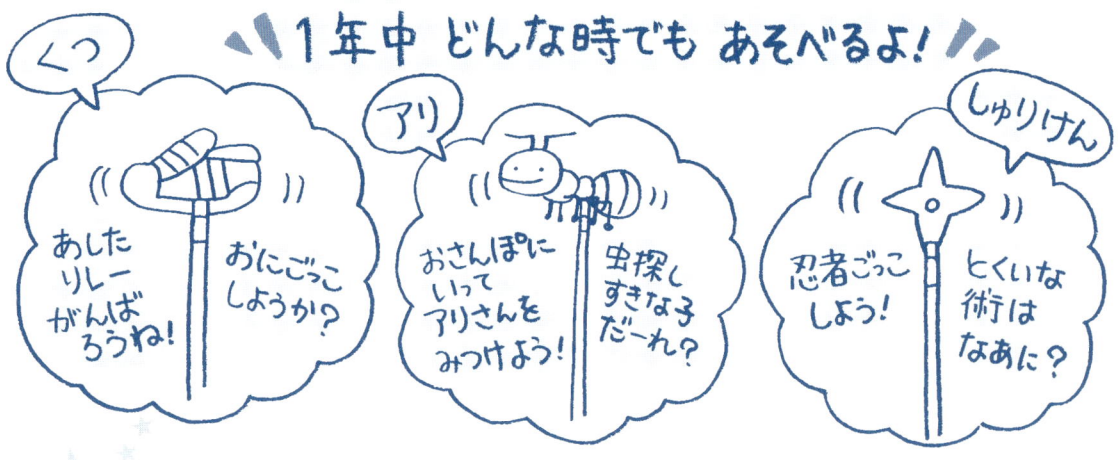

ポイント　イメージをふくらませれば、ひとつのペープサートからでもどんどん
あそびが広がって、明日へのワクワク感もアップします！

ペープサートって楽しいね！

＊年中〜年長さんなら、一緒に絵人形を作ってもいいですね。
＊絵人形は表だけでもよいけれど、同じ絵を反転させてコピーをとり、裏にも別の表情の顔を描いたり、背中を描いたりするなど、工夫してみてください。

作り方

❶型紙を作りやすい大きさにコピーする。
❷色を塗って、厚紙に貼る。
❸外形を切り抜き、絵を割りばしではさんで固定する。

※表と裏で絵を貼りあわせる場合は、割りばしをその間にはさむ。

割りばしに両面テープか木工用接着剤をつけてはさむ

はさんだ根元をセロハンテープで固定する

型紙

イラスト／ハセチャコ

ケーキ

ネコ

パンダ

ぬいぐるみ

うんどうぐつ

すべり台

サッカーボール

しゅりけん

ゾウ

アリ

穴

子どもの頃のこと❶
小人たちに会いたくて

　僕は小さい頃、小人がいると本気で信じていました。大人になった今も、実は心のすみっこの方で信じています。でも、それを言うとみんなに笑われてしまうので言いませんが、ここで書いてしまいました。

　小さい頃は、小人に出会うためにいろいろなことを試していました。最初にしたのは、実家の大きな大きな本棚の一番下の段に、小人が好きであろうものを置いて、次の朝なくなっているかを確かめるということでした。

　糸を巻いたボビン、小さな金のわらじ、ボタン、きれいな切手、つまようじの剣などなど…数えきれないくらい試しました。でも、ぜんぜん小人は持っていってくれません。本棚の下にそれらがぽつんと残っていると「小人がいない」とは思わず、「これがあまり好きじゃなかったんだ」と思って、毎日あれか、これかと、試行錯誤をくり返していました。でも、一度も持っていってくれません。そこで、当時の僕が出した結論は、「つかまえよう」でした。

　今度は本棚の下にお菓子を置いて、そのまわりにガムテープをくっつけて、ゴキブリ取りのようなしかけを作りました。これで、お菓子を取りに来てつかまってしまうにちがいない。わくわくしながら眠りについて、起きて見てみると、ものすごいアリの群が行列を作っていました。その瞬間、もうそれはそれはがっかりでした。母親には怒られるし、散々でした。

　あきらめきれず、その「罠」作戦はその後も続けました。しかける場所も自分の机の上にかえてみたり、押し入れの中に小人の通路らしきものを発見して、そこに物を置いてみたり…。

毎日学校から帰ってくると、懐中電灯を持って、押し入れに飛び込んでいました。今思うとかなり暗い子どもですね。でも、どうしても見つからず、いつの間にかそのあそびはやめていました。

　保育士になって、子どもたちに小人の話をした時に、その昔の記憶がぶわっとよみがえってきたことがありました。たしか、小人を探していた時は、近所の友だちが転校するちょっと前だったと記憶していたのですが、その友だちに聞いてみてびっくり。転校したのは5年生の時だったというのです。僕は5年生まで小人探しをしていたのでした。てっきり低学年だと思っていたのに。

　でも、子どもの時のこんなできごとが、お話を考えたり、歌を作ったりしている今、とても役立っている気がします。

　近くで小人を探している子どもがいたら。そっとそっと見守ってあげてください。

13 どっちちどっち　　2〜6歳

「きらきらぼし」のかえ歌で楽しむスケッチブックシアターです。このシナリオはバス遠足用に考えてみました。子どもたちがどっちを選ぶかで、臨機応変に対応していきましょう。

▼タイトルのページ
えんそくにいこう!!

【準備・進め方】
リング型のスケッチブックを用意します。左右に対照的な絵を描き、各ページの間を切り離しておきましょう。
絵を見せて、左か右か、子どもたちが選んだ方を後ろにめくり、お話を進めていきます。

▼質問のページ

質問1

【1】タイトルのページをめくり、質問1を出す。

今日は遠足。
みんなでバスに乗って出かけましょう。
でも見て！ バスが2台並んでる。
みんな、どっちがいいか選んでね。

★「どっちちどっち」（p.45）の1番を歌う。

♪どっちちどっち　どっちっち〜

さあ、どっち？

【2】右の人が多いですね。
では、こっちを見てみましょう。

★向かって右のバスの方をめくる。

ブスン・バスン・ボスン・残念！
こっちのバスはタイヤが
パンクしていました。

え〜!?　パンク!!

【3】では、こっちを見てみましょう。

★左側のバスの方をめくる。

大正解！ こっちのバスで出発しましょう。
まちがえた人も心配しないで。
一緒に乗りましょう。どうぞどうぞ。

★左側のバスを指さす。

こっちが大正解!!　やったぁ！

では出発！

【4】ページをめくって、質問2を出す。

バスに乗ったらおなかがすいてきました。
お弁当の中身は何かな？ どっちがいいか、選んでね。

「どっちどっち」の2番を歌う。

さあ、どっち？

【5】こっちから見てみましょう。
お弁当の中身は…。

★向かって左側のお弁当をめくる。

ジャン！
おいしそうなおかずがいっぱい。
では、こっちは？

★向かって右側のお弁当をめくる。

ジャン！ 空っぽでした。残念！
でも大丈夫。
まちがえた人もこちらのお弁当をどうぞ。

★おかずがいっぱいのお弁当を指さす。

後でゆっくり食べようね。
では出発！

【6】ページをめくって、質問3を出す。

★「どっちどっち」の3番を歌う。

道が見えてきました。
さあ、どっち？

【7】ではこっちから見てみましょう。

★向かって左の道をめくる。

ドロドロドロドロ〜（ドラムロール風）ジャン！

行き止まりでした〜 残念！

【8】では、こっちは？

★向かって右の道をめくる。 よかった〜！ 通れる。

でもぐにゃぐにゃ道です。揺れます！ 大変！
右に曲がります！ 左に曲がります！ オットットットー。

★子どもたちと一緒に体を左右に揺らす。

なんとか山を登りきりました。

【9】ページをめくって、質問4を出す。

山を越えたところは、またわかれ道。
さわやかな原っぱと、不気味な森です。

★「どっちどっち」の4番を歌う。

さあ、どっち？

【10】では、原っぱの方から行ってみましょう。

★さわやかな原っぱをめくる。

なんと原っぱには、おそろしいヘビが！！

★ヘビがしゃべっているように、声色をかえる。

「この先に進みたいなら、クイズに答えてもらおう。
正解しないと食ってしまうぞ！！」
大変だ〜！！

★ここで子どもたちにクイズを出し、答えてもらう。

Q1　おひさまが出ている時にあらわれ、おひさまがかくれるといなくなるものな〜んだ？（答え：影）

Q2　切っても切っても切れないものな〜んだ？
（答え：水）

クイズに正解したから、ちょっと怖いけど不気味な森の方へ行ってみましょう。

★ヘビを戻して、不気味な森をめくる。

森にはかわいい妖精が！

★妖精がしゃべっているように、声色をかえる。

「久しぶりの人間だわ！　ちょっとクイズであそんでいかない？」

★また子どもたちにクイズを出し、答えてもらう。

Q1　お庭にあって、顔にもあるものな〜んだ？（答え：花／鼻）

Q2　ウシはウシでも外にかぶっていくウシってな〜んだ？
（答え：帽子）

質問5

この門は おもいぞ〜
ゴゴゴゴ〜

【11】ページをめくって、質問5を出す。

道を抜けると2つの大きな門が現れました。

★「どっちどっち」の5番を歌う。

さあ、どっち？

【12】では、木の門から開けてみましょう。

★向かって左側の木の門をめくる。

ゴゴゴゴゴゴ…ドシーン！

なんとそこには蚊がいっぱい。
大変！
みんな！パチパチしながら
蚊をやっつけてください。

パチパチパチー！！

★スケッチブックを軽く叩くようにする。

よかった〜。ちょっとかゆいけど。

ちょっと ささちゃった…
ポリポリ…

【13】もう1つの鉄の門を開けてみましょう。

★木の門を戻し、鉄の門をめくる。

鉄の門は もっと おもたいぞ〜
ゴゴゴゴゴ

ゴゴゴゴゴゴ…ドシーン！
なんとそこは、地面がゴムのようにやわらかい
ビョンビョンの丘です。
ビョン、ビョン、ビョーン！

★子どもたちと一緒に、体を弾ませるように動かす。

よかった。無事に通り抜けられました。

ビョン ビョ〜ン

ビョン、ビョン、ビョーン

43

質問6

【14】ページをめくって、質問6を出す。

どうやら道の先にはトンネルがあるようです。
さあ、どっちのトンネルに進もうか？

★「どっちどっち」の6番を歌う。

さあ、どっち？

【15】では、こっちから見てみましょう。
ドロドロドロドロ〜（ドラムロール風）**ジャン！**

★向かって左側のトンネルをめくる。

宇宙人だ〜！ 逃げて〜！！

【16】では、こっちは？

★左側のトンネルを戻し、右側のトンネルをめくる。

よかった〜！
動物園に到着しました。
みんな無事にたどり着いたね〜！
今日は、動物園でいっぱいあそびましょう！

ポイント

＊最後の目的地は動物園にかぎらず、その時の子どもの興味にあわせて、自由にかえてください。

アレンジ

＊マジックテープなどを絵の裏につけて、貼りかえができるようにしておくと、左右を入れかえることができて、何度でも楽しめます。

＊バス遠足でのあそびとして考えたものですが、たとえば誕生会では箱の絵を描いて「ケーキが入っているのはどっち？」と聞いたり、クリスマス会だったら靴下の絵を描いて「プレゼントが入っているのはどっち？」と聞くなど、季節や行事ごとにいろいろ工夫して楽しんでみてください。

つばさのつぶやき

「どっちの手に入ってるか？」このあそびを何千回したかわかりません。くり返してあそびました。それくらい子どもたちは大好きですよね！

スケッチブックシアター〝どっちどっち〟をつくりはじめたきっかけもそこにあります。

正解がいいのじゃなくて、当たったり、はずれたり。それがうれしい！ バス遠足だけでなく、日常の保育の中でもあそんでほしいと思います。

シアターの中の、ヘビや妖精がクイズを出すところで、子どもたちがクイズを出してくれたことがありました。子どもたちの考えるクイズはとてもおもしろいです。思わず笑ってしまうことうけあいです！ そんな時は、今やっているあそびにこだわらず、どんどん脱線してしまいましょう。

アドバイス

＊子どもたちは、歌を全部聞く前に、すぐに右か左かを言いたがるので、「どっちちどっち」の最後の４小節はカットしてしまってもよいでしょう。

どっちちどっち

※「きらきら星」（フランス民謡）のメロディー

1. どっちの　バスに　のって　いこうかな
2. あかい　おべんとう　あおい　おべんとう
3. どっちの　みちに　すすんで　いこうかな
4. さわやかな　はらっぱと　ぶきみな　もーり
5. かたそうな　きのもんと　おもそうな　てつのもん
6. どっちの　トンネルに　すすんで　いこうかな

14 3つのとびら　　0〜6歳

市販の封筒をアレンジして作るので、準備はかんたん。中に複数のカードを入れておけるので、くり返してあそべます。大人の描いた絵ばかりでなく、子どもの絵をクイズにしてみても楽しいですよ。

★3つの扉を見せながら「3つのとびら」の1番を歌う（「トーントン〜」のところで扉をノックしながら）。

♪みっつのとびらがありました〜
　かくれているのはだれだ

保育者　最初の扉を開けてみるよ。
　　　　　トントン、ガチャ。

★ノックをしてからセロハンテープのつまみを持ち、上の扉を開いて子どもたちに見せる。

保育者　何か見えるね。
　　　　　これ、な〜んだ？

★子どもたちに当ててもらう。

保育者　もう1つ扉を開けてみようか。
　　　　　トントン、ガチャ。

★一番下の扉を開いて見せる。

保育者　これ、な〜んだ？

★子どもたちに当ててもらう。

保育者　え、ヘビ？　ペン？
　　　　　じゃあ、最後の扉を開けてみようか！
　　　　　トントン、ガチャ。

★まん中の扉を開いて見せる。

保育者　おやおや？！　みんなわかった？

★「3つのとびら」の2番（答え）を歌う。

♪かくれていたのは（カサ）でした〜！

★次に出す絵が見えないように、一度封筒を裏返してからカサのカードを取り出し、最後に全体を見せる。

バリエーション

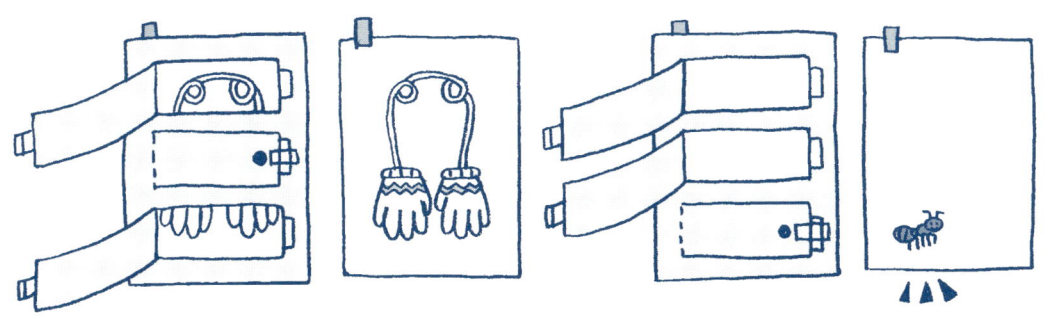

バリエーション 続く→

★答えは「手袋」。下・上・真ん中の順に扉を開くと、みんなタコとまちがえます。

★真ん中・上と扉を開いても、中は真っ白!「とうふ?」「透明人間?」。すると下の扉からは小さなアリが出てきます。

作り方
※B4サイズが入る封筒を使用

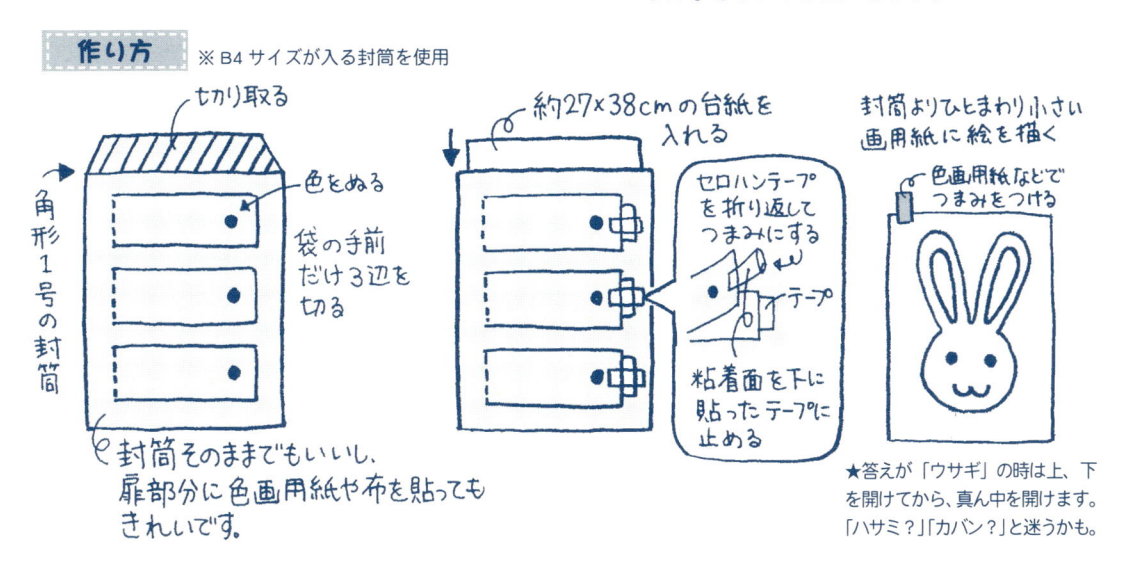

- 切り取る
- 角形1号の封筒
- 色をぬる
- 袋の手前だけ3辺を切る

封筒そのままでもいいし、扉部分に色画用紙や布を貼ってもきれいです。

- 約27×38cmの台紙を入れる
- セロハンテープを折り返してつまみにする
- テープ
- 粘着面を下に貼ったテープに止める

- 封筒よりひとまわり小さい画用紙に絵を描く
- 色画用紙などでつまみをつける

★答えが「ウサギ」の時は上、下を開けてから、真ん中を開けます。「ハサミ?」「カバン?」と迷うかも。

3つのとびら

作詞／工藤ひとみ
作曲／鈴木翼

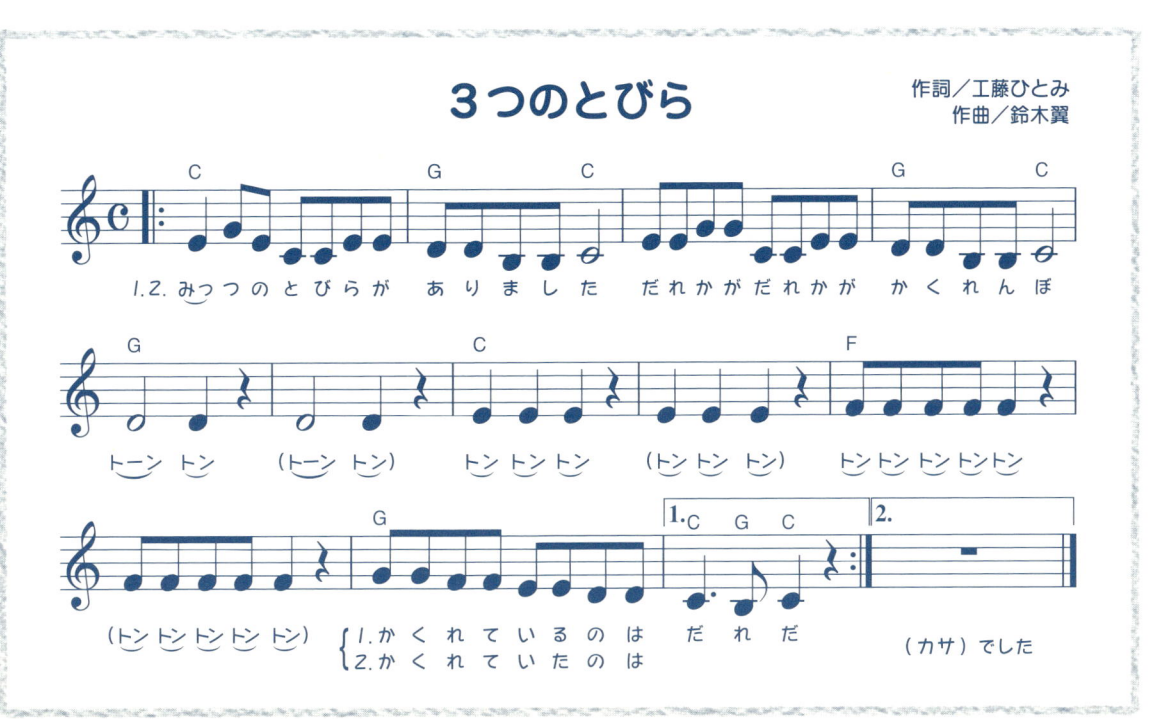

1.2. みっつの とびらが ありました だれかが だれかが かくれんぼ

トン トン (トン トン) トン トン トン (トン トン トン) トン トン トン トン トン

(トン トン トン トン トン) {1. かくれているのは だれだ / 2. かくれていたのは} (カサ) でした

47

バリエーション

★扉の形をかえてみたりしましょう。

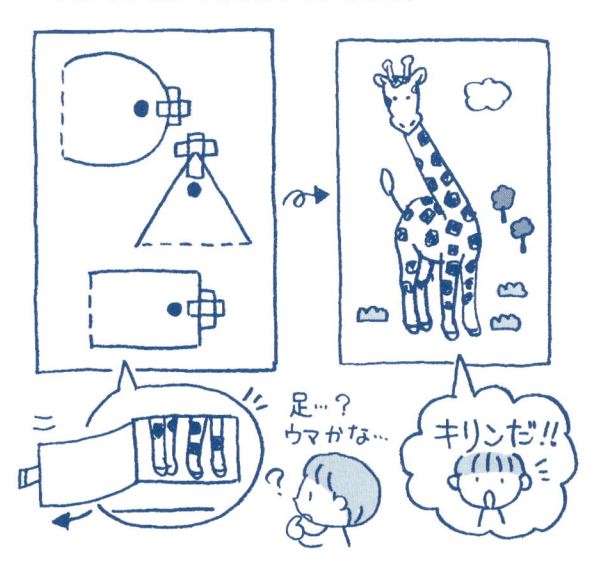

足…？ ウマかな…？
キリンだ!!

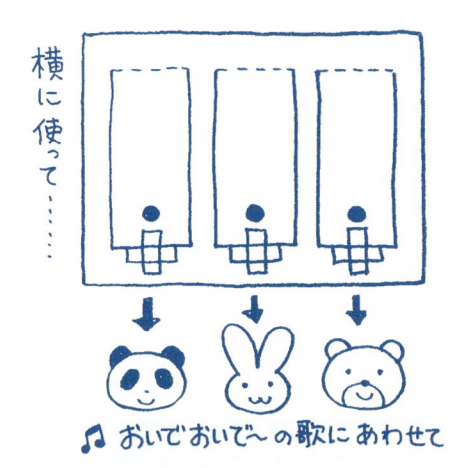

横に使って……

♪おいでおいで〜の歌にあわせて

★お話や歌詞にあわせて窓を開けていきましょう（その場合は複雑にせず、ストーリーにあわせて順番に絵を並べます）。

「3つのとびら」から生まれた、現場の先生方のバリエーション

★しりとりバージョン

リンゴ　ゴリラ
パンダ　ラッパ

★ペープサートがどこの扉にかくれているか、当てっこ（棒の長さをかえてあそびます）。

どこの扉にウサギさんはいるかな？
ここ!!

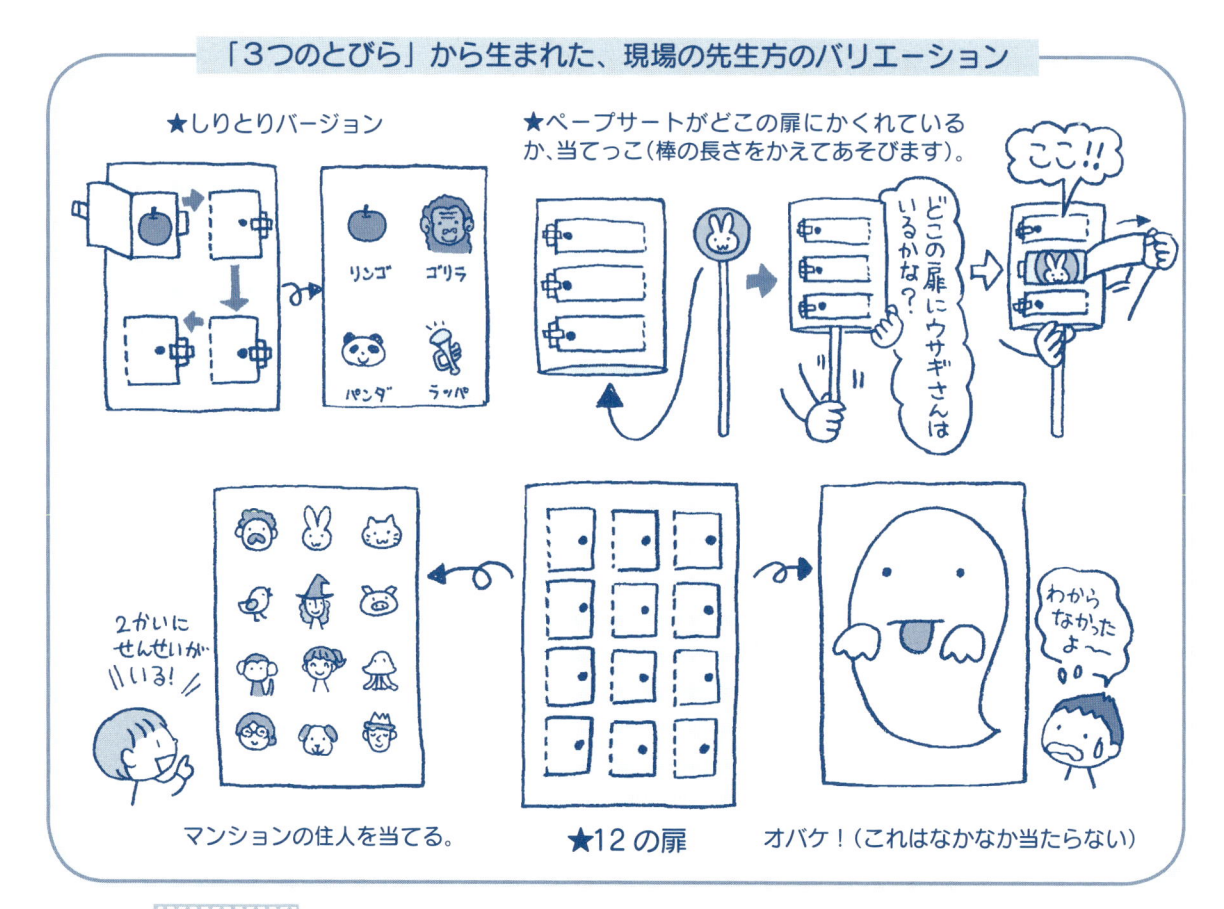

2かいにせんせいがいる！
マンションの住人を当てる。

★12の扉

オバケ！（これはなかなか当たらない）
わからなかったよ〜

アドバイス

＊子どもたちに絵を描いてもらい、当てっこあそびをすると、思いがけない答えが生まれて楽しいです。特に、その日が誕生日の子に描いてもらい、クラスの誕生日会に取り入れると、より盛り上がります。

Part 3 ♪
踊ってGO!

子どもと一緒に踊ると、本当に楽しい！
その気持ちでつくった曲ばかりです！
心もからだもやわらかくして、一緒にはじ
けてみませんか？
ほぐせ！　からだじゅう！

15 こころがおどる   1〜6歳

子どもの心にはロックがあります。だから一緒にロックすれば、自分も
ミュージシャンになった気分！
この歌で、子どもとロックを楽しんでください！

1番　①前奏　　　　　　　②からだのなかで こころがおどる　　　③ワクワクするよとおどりだす

①はずむようにかけ足しながら、　②その場でかけ足　　　　　　③走り回る
　頭の上で手拍子

④ほらてをのば せ／そらにむかっ て　　⑤からだゆらして ほら　　　⑥ダンス ダンス ダンス

④しゃがんでから「せ」「て」　　⑤両手を上げて左右に揺らす　　⑥思いきり、めちゃくちゃに
　で大きく伸びる　　　　　　　　　　　　　　　　　　　　　　　ダンス

⑦からだのなかで こえがきこえる　⑧ウキウキするねと うたいだす　　⑨間奏

⑦ケンケンで進む　　　　　　⑧反対側にケンケン　　　　⑨「すって」「はいて」と大人の
　　　　　　　　　　　　　　　　　　　　　　　　　　　　声にあわせて深呼吸をする

2番 ※①〜④は1番と同じ　⑤あすにむかって ほら　⑥ジャンプ ジャンプ ジャンプ　※⑦〜⑧は1番と同じ

⑤両手を上げ、上を向いてひと回りする

⑥2回小さくジャンプ、3回目は思いきり高くジャンプ！

アレンジ　＊1、2歳児とあそぶ時

歌の間は一緒に手拍子などでリズムをとり、間奏で手をつなぎ、一緒に立ったり座ったりをくり返します。または深呼吸などを入れるといいでしょう。

※前奏、間奏はCD「こころがおどる」（ソングレコード）にあわせています。

こころがおどる

作詞／鈴木翼
作曲／中川ひろたか

♩=80

からだのなかで— こころがおどる— ワクワクするよーと
からだのなかで— リズムがはねる— ドキドキするよーと

おどりだすー ほら てをのばせ そらにむかって から
とびはねるー ほら むねをはれ そらをめざして あす

だゆらして ほら ダンス ダンス ダンス からだのなかで—
にむかって ほら ジャンプ ジャンプ ジャンプ からだのなかで—

こえがきこえるー ウキウキするねーと うたいだすー
こえがきこえるー きもちがいいねーと うたいだすー

16 まほうのとびら　　0〜6歳

覚えやすいので、子ども同士でも楽しめますが、親子などのふれあい
にもぴったりですね。
運動会などでも活躍する、体操あそび歌です。

1〜3番　①まほうのとびらがありました　②なかを なかを みてみま しょう　③トントントントントン（2回）

①両手の人さし指で四角を2回描く（扉を表す）

②手を双眼鏡のように目にあて、次に手を離す動作を2回くり返す

③下から上へ、リズミカルにこぶしで叩く動作をしながら向きをかえてくり返す

④なかにいたのは？（ガチャ）「〇〇だ！」　1番ー⑤ネズミがチューチューとびだした（ひゃ）

④ ②の動作の後、扉を開けて、みんなで「〇〇だ」と指さして叫ぶ

⑤両手をつなぎ、小刻みに手を交互に上下させながら足踏み。（ひゃ）でジャンプ（8分音符のリズムで）

⑥うじゃうじゃうじゃうじゃおおさわぎ（ひゃ）
　ネズミがあしもととびだした（ひゃ）

1〜3番　⑦とびらをしめたらきえちゃった

⑥ ⑤のくり返し

⑦止まってしゃがみ、「きえちゃった」の後、安心してぎゅっと抱きしめる

2番ー⑤たいふうビュービュー　⑥ぐるぐるぐるぐるまわっちゃう（ぴた）　3番ー⑤⑥ドラゴン〜（はっ）
　　　とばされる（ぴた）　　　　もうれつなあめでとばされる（ぴた）　　　　〜キバにはきをつけて（はっ）

⑤両手をつないだままぐるぐる回り、（ぴた）で止まって逆回り

⑥またぐるぐる回り、（ぴた）で止まって逆回り

⑤⑥その場で思い切り走り、（はっ）で片ひざを立ててしゃがみ、両手を左右に広げる（くり返す）

アドバイス　⑤からは、飛びはねたり、回ったり、ポーズを決めたりする1つ1つの動作をよく練習しておくと、スムーズにあそべます。

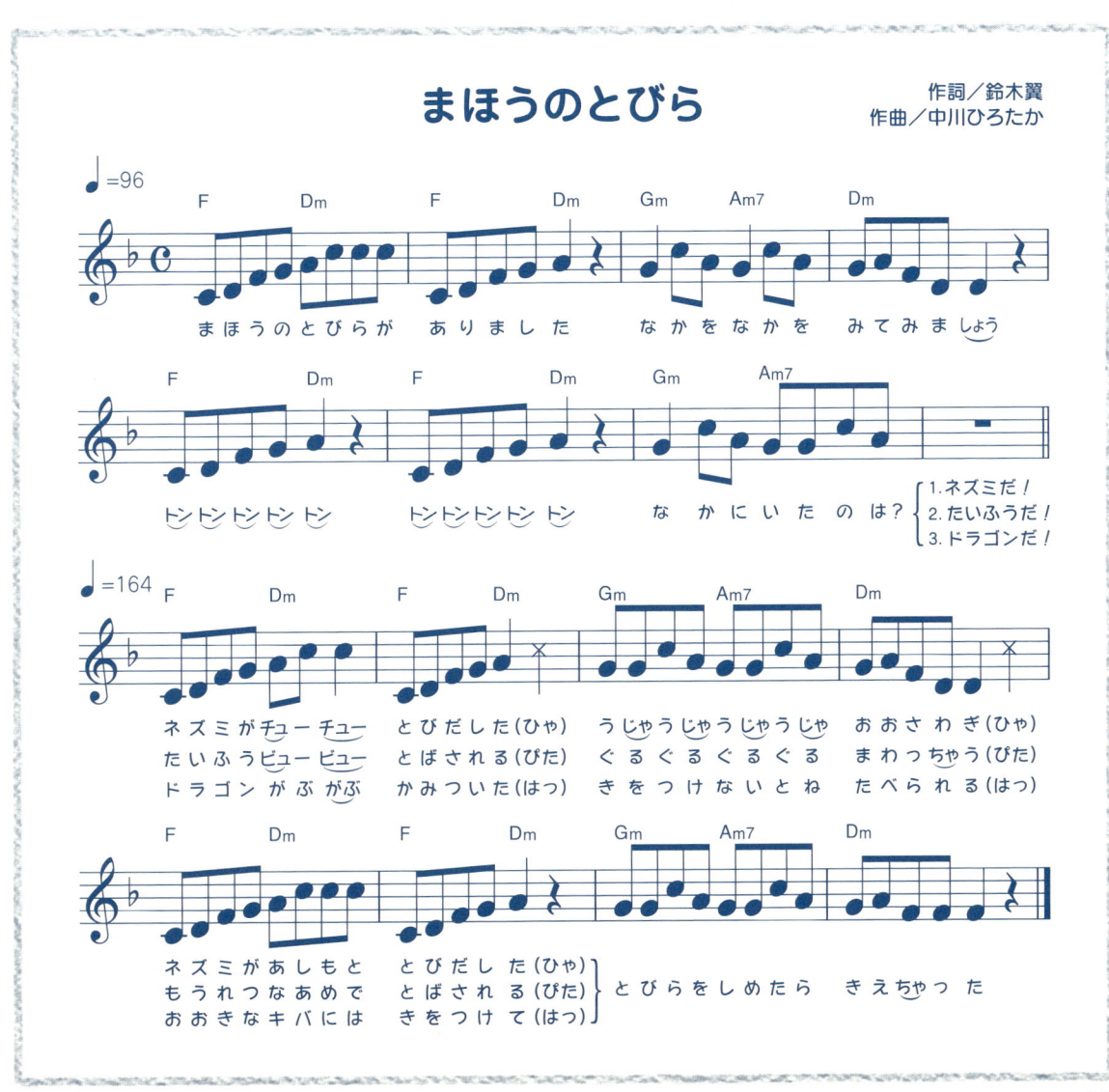

まほうのとびら

作詞／鈴木翼
作曲／中川ひろたか

♩=96

まほうのとびらが　ありました　なかを　なかを　みてみましょう

トントントントン　　トントントントン　　なかにいたのは？
1. ネズミだ！
2. たいふうだ！
3. ドラゴンだ！

♩=164

ネズミがチューチュー　とびだした（ひゃ）　うじゃうじゃうじゃうじゃ　おおさわぎ（ひゃ）
たいふうビュービュー　とばされる（ぴた）　ぐるぐるぐるぐる　　　　まわっちゃう（ぴた）
ドラゴンがぶがぶ　　　かみついた（はっ）　きをつけないとね　　　　たべられる（はっ）

ネズミがあしもと　　　とびだした（ひゃ）
もうれつなあめで　　　とばされる（ぴた）　｝とびらをしめたら　きえちゃった
おおきなキバには　　　きをつけて（はっ）

17 やわらかなうた

2〜6歳

体をやわらかくすると、心もやわらかくなります。クラゲもやわらか、ススキもやわらか、すべてやわらかく…のんびりしたリズムにのってぐにゃぐにゃあそびましょう。

1番　前奏 
肩を上げ下げしながら、左右のこぶしを同時に上下させ、軽やかに足踏み

①あ〜あ〜 やわらか やわらかなきもちね 
①ひざなど、全身をやわらかく曲げながら両手を上げて大きく左右に振る

②あ〜あ〜 やわらか 
②両手をおでこから両脇におろしていく

③やわらかな うた 
③気をつけのまま上を向き、体をクネクネさせながらしゃがむ

④あああ〜ああああああ〜 
④床に横たわって行ったり来たりと転がる

間奏 
すばやく立ち上がり、前奏と同じ動作

2番 ①あ〜あ〜 やわらか きのうあったくらげも 
①全身をやわらかく曲げながらくらげのイメージで両手を下で左右に振る

②あ〜あ〜 やわらか 
②1番の②と同じ

③やわらかな うた 
③1番の③と同じ

④あああ～ああああああ～	間奏
④1番の④と同じ	1番の間奏と同じ

3番　①あ～あ～ やわらか かぜにゆれるすすきも　　②あ～あ～ やわらか　　③やわらかな うた

①全身をやわらかく、すすきのイメージで前後に揺れる。ひざも折り曲げる

②1番の②と同じ

③1番の③と同じ

④あああ～ああああああ～	間奏
④1番の④と同じ	1番の間奏と同じ

※前奏・間奏は CD「ゴトゴンでんしゃ」(ソングレコード)にあわせています。

やわらかなうた

作詞／鈴木翼
作曲／中川ひろたか

あ～あ～　やわらか　やわらかな きもちね
あ～あ～　やわらか　きのうあった くらげも
あ～あ～　やわらか　かぜにゆれる すすきも

あ～あ～　やわらか　やわらかな うた

あーーーーーー　あーーーーーー

18 せんたくサンタクロース 3〜6歳

サンタさんのかっこうをして踊りたいダンスです！
夏の間に洗濯ばかりしているサンタさんになってあそびましょう！

1番
2番も同じ　　①まっかな　　ようふく　　②せんたく　　してる　　③たくさん／せんたく／サンタク／ロース

※頭には帽子やハンカチなどをのせる。

①右足を１歩踏み出し、右手のこぶしをひじから後ろに引く。「ようふく」で正面に戻り、こぶしをそろえる

②左側でも同様に

③ ①②のくり返し

④まったく　　⑤せんたく　　⑥いそがし　いから

④洗濯物を集めるように、ひざを曲げ、腰を落として両手を伸ばす

⑤集めた洗濯物（両手）を正面で向かいあわせる

⑥左側でも同様に

⑦あせだく／あわぶく／サンタク／ロー／ス　　間奏　　3番 ①でもでも　だいすき

⑦言葉を区切ってリズムをとり、腰を左右に振りながら、洗濯の動作

足踏みしながら頭に乗せた帽子を上げ下げする

①ひざを曲げ腰を落として、帽子を両手で右に突き出す。「だいすき」で正面を向く

②せんたく　するの　　　③だから／トナーカイ／こう／よぶ／んだ／よ　　　④センタクロース～センタクロース

②左側でも同様に　　　③言葉を区切ってリズムを
　　　　　　　　　　　とりながら、洗濯の動作

④くり返しジャンプしながら
帽子をグルグル上で回す

⑤まっかな～サンタクロース　　　　　後奏

⑤３番の①～③のくり返し　　　３番の①～④のくり返し　　　※最後に帽子を投げ
　　　　　　　　　　　　　　　　　　　　　　　　　　　　　　上げましょう！

※間奏・後奏はCD「ゴトゴンでんしゃ」（ソングレコード）にあわせています。

せんたくサンタクロース

作詞／鈴木翼
作曲／中川ひろたか

1. まっかなようふく　せんたくしてる　たくさんせんたく　サンタクロース
2. なつのあいだにゃ　せんたくしてる　たくさんせんたく　サンタクロース
3. でもでもだいすき　せんたくするの　だからトナーカイ　こうよぶんだよ

まったくせんたく　いそがしいから　あせだくあわぶく　サンタクロース
ほっとくしまっとく　わけにもいかず　あせだくあわぶく　サンタクロース

センタクロース　センタクロース　センタクロース　センタクロース　センタクロース　センタクロース

まっかなようふく　せんたくしてる　せんたくだいすき　サンタクロース

19 ほぐせ！からだじゅう　2〜6歳

準備体操などにオススメです。しっとりとしたリズムで、心と体を
ほぐしましょう。運動会の親子ダンスにもぴったり！
ふしぎなメロディーをふしぎなダンスで楽しんでください。

1番　①ほぐせ（5回）　　②あしあしあしあし　　③ほぐせ（5回）

①あわせた手のひらを斜め上下に伸ばす。右手が上の時は左足を曲げ、左右交互に5回くり返す

②足をメチャクチャに動かしてその場でステップ

③手を腰にあててお尻を左右に振る。正面、右、正面、左、正面の順に体の向きをかえる

④わきわき わきわき　　⑤ほぐれた（3回）　　⑥あしあし　　⑦わきわき

④脇を上下にパタパタ動かす

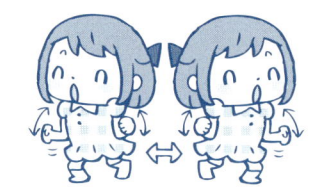

⑤ツイスト風に手と腰を振りながら、右、左、右の順に1歩、斜め前に踏み出す

⑥②と同じ

⑦④と同じ

⑧ほぐほぐ　　あしあしわきわきほぐほぐ　　**2番** ⑨ほぐせ（5回）　　⑩しりしり しりしり

⑧ひじをパタパタ、足をパタパタさせながらその場をグルグル回る

⑥⑦⑧をもう一度

⑨①の動作

⑩お尻に手をあて体を前後に動かす

⑪ほぐせ（5回）　　⑫くびくび くびくび　　⑬ほぐれた（3回）

⑪③と同じ

⑫腰に手をあて頭を上下に動かす

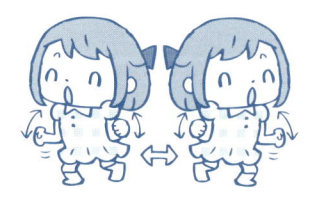

⑬⑤と同じ

⑭ しりしり　　　⑮ くびくび　　　⑯ ほぐほぐ　　　しりしりくびくびほぐほぐ

⑭ ⑩と同じ

⑮ お尻に手を
あて⑫の動作

⑯ お尻に手をあて、足をバタバタ
させながらその場をグルグル回る

⑭⑮⑯をもう一度

3番　⑰ かたまれ　あしあし　　⑱ かたまれ　　わきわき　　⑲ かたまれ　しりしり　くびくび

⑰ 体をクネクネさせた後、両
足をピタッとつけて止まる

⑱ 体をクネクネさせた後、脇
をピタッとしめて止まる

⑲ 体をクネクネさせた後、お尻を
おさえ、首をかためる

⑳ かたまった（3回）　　㉑ あしあし　わきわき　がちがち　　㉒ しりしり　くびくび　がちがち

⑳ お尻に手をあて首をす
くめたまま両足ジャンプ
で回り、途中で反対回り

㉑ 左右にステップし、そのまま
脇をバタバタさせ、「がちがち」
で固まって左右に揺れる

㉒ ⑩⑮の動作の後、「がちがち」
で固まって左右に揺れる

4番 ㉓ ほぐせ　かたまれ　ほぐせ　かたまれ　　㉔ ほぐせ　からだと　こころ　　㉕ ほぐせ（5回）

㉓ 自由に動いてからピタッと
止まるを、2回くり返す

㉔ 「ほぐせ」で①の動作。「からだと」で
しゃがみ、「こころ」で思い切りジャンプ

㉕ ①のポーズを
左右に5回

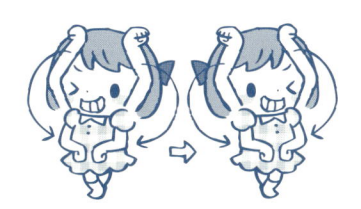

㉖ からだ　からだ　　㉗ ほぐせほぐせ　ほぐせほぐせ　　㉘ ほぐせ　こころ　こころ

㉖ 左右にマッチョの
ポーズ

㉗ ①と③の正面の
ポーズを2回くり返す

㉘ ①のポーズの後、胸に手をあてながら
右足を1歩踏み出す。左足も同様に　→

㉙ ほぐれた ほぐれた ほぐれた　　㉚ からだと　こころ　ほぐほぐ（×2）

※最後はみんなで
くすぐりっこ！

㉙ ⑤の動作

㉚ マッチョ→胸に手→元気なステップで右回り
　　マッチョ→胸に手→元気なステップで左回り

ほぐせ！からだじゅう

作詞／鈴木翼
作曲／中川ひろたか

1. ほぐせ　ほぐせ　ほぐせ　ほぐせ　ほぐせ
   1. あ　し　り
   2. し　り
   4. か　ー

あ　し　り　あ　し　あ　し　り　ほぐせ　ほぐせ　ほぐせ　ほぐ
し　ら　だ　し　り　し　り　だ
ら　だ　か　ー　ら　だ

せ　ほぐせ　わ　き　わ　き　わ　き　わ　き　ほぐれ
　　　　　　く　び　く　び　く　び　く　び
　　　　　　こ　ー　こ　　こ　ー　こ

た　ほぐれた　ほぐれた　ー　あ　し　あ　し　わ　き
　　　　　　　　　　　　　　し　り　し　り　く　び
　　　　　　　　　　　　　　か　ら　だ　と　こ　ー

わ　き　ほぐ　ほぐ　ー　ー　あ　し　あ　し　わ　き　ほぐ
く　び　ほぐ　ほぐ　　　　　し　り　し　り　く　び　ほぐ
こ　ー　ー　ー　　　　　　か　ら　だ　と　こ　ー　ー

ほーぐー 2.ほぐ ほーぐー 3.かたまれ あしあし かたまれ わきわき かたまれ しりしり くびくび かたまった かたまった かたまった あしあし わき わき がちがち しりしり くびくび がちがち 4.ほぐせ かたまれ ほぐせ かたまれ ほぐせ からだと こころ ほぐ

D.S.

Coda

ほーぐー

20 へそダンス

2〜6歳

いつもしまっているおへそが主役！ 年齢や状況にあわせてあそび方や振り付けはかえてください。
おへそを出して、みんなでダンス！ ダンス！

※①〜③の振り付けは1・2番共通

①へそへそへそへそへそダンス 
①腰に手をあて、リズムにあわせてお尻を振る

②からだのまんなか かわいい 
②頭の上で両手で輪を作り、その場で1回転

③おへそ 
③手を左右に開く

1番ー④みんなに ついてる ふしぎな 
④腰に手をあて、3回軽くひざを曲げる

⑤あいつ 
⑤腰に手をあてたまま「あい」「つ」で、右肩、左肩を交互に上げ下げする

⑥にている けれども 
⑥2回軽くひざを曲げる

⑦どれとも
⑦片手のひらを前に突き出す

つばさのつぶやき

　3歳児クラスを担任していた時のこと。おへそをしまうことを教えていたのですが、それがなかなか難しい。じゃあ、おへそを出してみたらどうなんだろうと、あえて出して、子どもたちと踊ってみました。それが思いのほかおかしくて、子どもたちは大喜び。すぐに歌は完成。しかしすぐに主任に注意され、僕は考えました。（じゃあ2番を作って、おへそをしまうようにすればいいのではないか？！）結果は大成功！ 主任にも認めてもらい、子どもたちはかくすのも楽しいようで大喜びです。一安心。〝出して、しまう〟無理にしまわせるより、楽しみながら覚えていくことも大切なんだと思ったのでした。
　これは、第9回ラポム大賞（学研）に入選した記念の曲となりました。

⑧ちがう　⑨それでは　⑩みなさん　⑪ごいっしょに　⑫へそ！

⑧片手を前で左右に3回振る　⑨右手を横に　⑩左手も横に　⑪服のすそをつかみ、めくる準備　⑫服をめくり、おへそを出す

2番—④だけども　⑤へそだしゃ　⑥かぜひいちゃうよ　⑦かみなりさまにも　⑧ねらわれてるよ

④右手を頭にのせる　⑤左手も頭にのせる　⑥くねくねしながらしゃがむ　⑦手足をバタバタさせながら右へ動く　⑧左へ動く

⑨あぶない　⑩たいへん　⑪かくしちゃお　⑫

⑨右手をおなかに　⑩左手もおなかに　⑪服のすそをしまう　⑫決めのポーズ

へそダンス

作詞・作曲／鈴木翼
編曲／市村幸代

1・2 へ そ へ そ　へ そ へ そ　へ そ ダ ン ス

G
C
からだの まんなか かわいい おへそ
G
C
みんなに ついてる ふしぎな あいつ
だけども へそだしゃ かぜひい ちゃうよ
G
C
にている けれども どれとも ちがう
かみなり さまにも ねらわれ てるよ
1.
F
C
G
C
それでは みなさん ごいっしょ に へそ！
rit.
2.
F
C
G
C
あぶない たいへん かくしちゃ お

子どもの頃のこと❷
風太郎 風の助

　小人を探していたのと同じ頃（p.38）、僕は風と友だちでした。

　なんて変な書き出しでしょう。でも、本当なんです。

　夢見がちだったと思われるかもしれませんが、本当に風と話をしていました。右に風太郎、左に風の助という、なんとも和風な名前ですが、そんな2人がいて、いつも話をしていました。

　今思うとよくわからないのですが、たしかに聞こえたのです。

　自転車をこいでいる時に、「押してー」と言うと、風がどどっと後ろから吹いてきて押してくれたり、風太郎や風の助から、風の国の話をたくさん聞いて、楽しかったのを覚えています。ただ、誰かといる時は聞こえないのです。1人の時にだけ聞こえる、僕だけの秘密でした。

　でも、話した内容は、今ではまったく覚えていません。そして、今ではまったく聞こえません。

　耳をすましても、自分が想像したことが聞こえてくるだけです。

　夢で終わらせないためにも、いつか風と友だちだった時のことを、絵本に書くことが夢なのであります。

21 サンタさんといっしょに 2〜6歳

サンタさんがあそびに来てくれた日は、一緒に踊ったり歌ったりしましょう。クリスマス会がもっと楽しくなりますよ！
みんなでホッホッホー！

1番　①サンタさんといっしょに ダンスダンスダンシング　　②みんなおどろう レッツゴーダンシング

①みんなで手をつなぎ右に歩き、「シング」で左足キック　　②今度は左に歩き「シング」で右足キック

③ランランラン ランランラン いっしょに おどれば　　④おもちゃ たちも おどり だす（ヘイ）

③その場で右側に左足で4回キック　　④左側に右足4回キック

2番　①サンタさんといっしょに〜レッツゴーシンギング　　②ホホホーホホホーいっしょに〜うたいだすよ

①みんなで肩を組み、大きく左右に揺らす　　②胸で組んだ手を下に伸ばすとともに、体も伸ばす（2拍ごとに左右をかえてくり返す）

※間奏・後奏はCD「はみだしたチーズ」（ソングレコード）にあわせています。

③（ホー）　　　　　　　　間奏　　　　　　3番　①サンタさんといっしょに〜スリーピング

③ポーズを決める　　　飛びはねながら手拍子　　①両手を頬にあてて目を閉じる
　　　　　　　　　　　　　　　　　　　　　　（4拍ごとに左右の向きをかえる）

②グーグーグーグー〜プレゼント　　③（ヤッター）　　　　　　　後奏

②座って両手を頬にあて、「ま　　　③大ジャンプ　　　プレゼントを持ったつもりでかけ
くらの〜」で左右をかえる　　　　　　　　　　　　まわり、最後に自由な決めポーズ

☆ クリスマス会で、サンタさんを囲んで踊りましょう！

サンタさんといっしょに

作詞／鈴木翼
作曲／中川ひろたか

| G | D7 | G | G | D7 | G |

1. サン タ さん と いっしょ に　ダンス ダンス ダン シング　みんな おどろう　レッツ ゴー ダン シング
2. サン タ さん と いっしょ に　シング シング シング ア ソング　みんな うたおう　レッツ ゴー シン ギング
3. サン タ さん と いっしょ に　スリープ スリープ スリー ピング　みんな ねむろう　レッツ ゴー スリー ピング

| C | G | D7 | G | C | G | D7 | G |

ラン ラン ラン ー ラン ラン ラン　いっしょに おどれば　おもちゃ たちも　おどりだす（ヘイ）
ホ ホ ホー ホ ホ ホー　　　　　　いっしょに うたえば　トナカイさん もう　たいだす よ（ホー）
グー グー グー グー　　　　　　　いっしょに ねむれば　まくらの そばに　プレゼント（ヤッター）

22 すなばでカフェラッテ　4〜5歳

スタバじゃなくてすなばでカフェラッテ。手あわせあそびをしながら、ちょっとおしゃれな歌を、一緒に歌いましょう。

※あそび方は1・2番共通

①カフェ ラッテ／つく ろって 
①自分の手を叩いてから「ラッテ」「ろって」で相手の手のひらを叩く

②おいしい 
②自分のひざをトントン

③カフェラッテ 
③相手と2回手あわせ

④すな ばで／つく ろって 
④自分の手を叩いてから「ばで」「ろって」で相手の手のひらを叩く

⑤あわだて 
⑤自分のひざをトントン

⑥カフェラッテ　（①〜⑥をくり返す） 
⑥相手と2回手あわせ

⑦すなばに あなほってって 
⑦手をつなぎ、左右に4呼間揺らす

⑧おみずをなかに いれてって 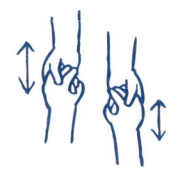
⑧つないだまま押したり引いたりを4呼間

⑨シャベルで かきまぜてって 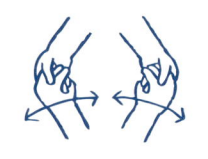
⑨つないだ手を外・中・外・中〜と揺らす

⑩あわだて あわぶく／カフェラッテ  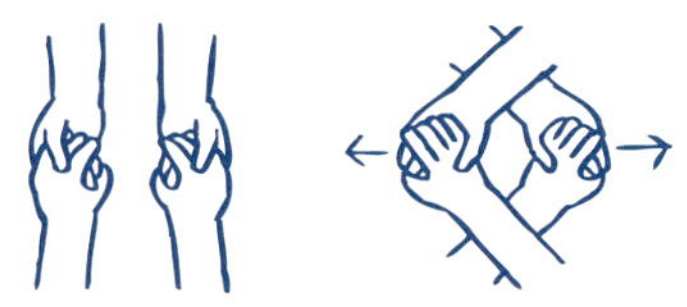
⑩手をつないで、「あわぶく」「テ」でクロスさせる

⑪カメだって　カバだって 
⑪「カメだって」で2回手拍子し、「カバだって」で変な顔をする

⑫カモ　　メだって  
⑫「カモ」で2回手拍子し、「メだって」で変な顔をする

⑬みんな てつだって　　⑭おいしい カフェラッ　　⑮テ

⑬2回手拍子してから相手と上で手をあわせる

⑭2回手拍子してから相手と横で手をあわせる

⑮2回手拍子してから下で自分の足を叩く

おねがい のんでっ　　て　　すなばで カフェラッ　　テ

⑬と同じ　　⑭と同じ　　⑮と同じ　　⑬と同じ

楽譜は
次ページ→

つばさの つぶやき

　砂場に穴を掘って水を流すと、コーヒー牛乳ができあがります。誰しもあそんだことのある、砂場の定番、水あそび。
　コップに注ぐと、実においしそうであります。
　ある日、コーヒー牛乳屋さんごっこをしていたところ、1人の女の子がやってきて僕に言いました。
　「ねえ、つばさくん、カフェラテのむ？」
　僕は思わず「おっしゃれー！」と叫んでしまいました。
　それ以来、僕はカフェラテ屋さんごっこと言いかえてあそんでいます。
　砂場でカフェラテ…なんてステキな響き。僕はその日、砂場でカフェラテをつくるという詩を書いたのでした。

69

すなばでカフェラッテ

作詞／鈴木翼
作曲／中川ひろたか
編曲／大友剛

カフェラッテ　つくろって
おいしい　カフェラッテ
すなばで　つくろって
あわだて　カフェラッテ

カフェラッテ　つくろって
おいしい　カフェラッテ
すなばで　つくろって
あわだて　カフェラッテ

すなばに　あなほっ　てて
ザブリと　コップ　です　くって

おみずを　なかにい　れてって
バケツの　なかにい　れてって

シャベルで　かきまぜ
しろすな　うえにか

F B♭ C F Dm
てって あわだてあわぶく カフェラッテ カメだってカバだって
けって あわだてあわぶく カフェラッテ カモだってかいだって
Gm C F Dm Gm C F Dm
カモメだって みんなてつだって おいしいカフェラッ テ
カエルだって みんなてつだって おいしいカフェラッ テ
Gm C F Dm Gm C F Dm
おねがいのんでって すなばでカフェラッ テ
おねがいのんでって すなばでカフェラッ テ
Gm C Gm C F FMaj7

23 みてみてサーカス　　0〜6歳

子どもたちはみんな見てほしいのです！
子どもたちのステキなワザ、思わず笑っちゃうワザを見せてもらって
ください！

❶「みてみて〜すごいわざ」のあいだに、次の出番の子が中央に出てスタンバイ。
❷「ハイッ」の時に、1人ずつ、または何人かで得意技（一発芸）を披露します。

みてみてサーカスすごいわざ（ハイッ）　すごいわざ（ハイッ）　すごいわざ　　　（ハイッ）

手を頭の上であわせてリズムをとり、
（ハイッ）でクルッと1回転（×3回）

最後は両手を上げてポーズ

真剣白刃どり

ブリッジ

ひっぱりっこ

両足でパチン

「すごいすごい
もっと見せて！」と
まわりの人は
盛り上げ
ましょう！

みてみてサーカス

作詞／鈴木翼
作曲／中川ひろたか

♩=112

みて みて サー カス　すご い わざ（ハイッ）　すご い わざ（ハイッ）　すご い わざ（ハイッ）

アレンジ

★乳児バージョン
・乳児を仰向けに寝かせて行います。
・いろいろなわざを考えて、一緒に楽しんでみましょう。

①足を交互に上下させる　②３回の「ハイッ」で右足、左足、両足を大きく上げる　または　場所や動きをかえて体を動かす

つばさのつぶやき

　子どもたちとあそぶにはとても楽しいのに、講習会などでやるとあまり楽しさが伝わらないあそびというのがあります。
　この〝みてみてサーカス〟もその中の１つ。
　あそびをつくったきっかけは、子どもたちが、なわとびがとべた時などに言う「ねえー！　みてみてー！」という言葉です。
　そうか。できたことを見てもらうのは楽しいにちがいない。
　そして子どもたちが出てきてすごい技を披露するという、ただそれだけのあそび歌ができました。それがとてもおもしろいのです。
　実際やってみたところ、１人として同じ技はなく、ブリッジをしてみたり、２人組でハートをつくってみたり、どんどん子どもたちが出てきて、すごい技を見せてくれます。見ている人も拍手をしながら「すごいすごい！　すごいすごい！　もっと見せて！」と言うようにしてみたら、さらに盛り上がりました。３歳～６歳まで入りまじって、やんややんやの大騒ぎでした。
　これは楽しいと講習会で紹介してみました。でも、すごい技を瞬時に思いついてできる大人なんてそんなにいませんでした。なので講習会では、あまり盛り上がらず終了。僕の伝え方も悪かったかもしれません。いろいろかえても、まあまあな感じでした。
　単純なあそびほど、その楽しさを伝えるのは難しいのかもしれません。〝みてみてサーカス〟ぜひ子どもたちとあそんでいただきたいと思います。

24 宇宙旅行へいこうよ　2～6歳

ロケットに乗って宇宙旅行へ出発です！
よけたり、ジャンプをしたり、子どもたちが大好きな動きで盛り上がりましょう！

①うちゅうりょこうへいこうよ　ロケットにのって 
①頭の上で両手をあわせ、リズムにあわせて飛びはねる

②ロケットはとんでくよ　うちゅうのはてまで 
②両手を広げ、ジャンプしながら回り、「うちゅうの～」で反対回り

※③からは、リーダーが言ういろいろな言葉に、みんなが自由にリアクションをします。

③リーダー「ながれぼしだ！」　　「たいようだ！」　　「ブラックホールだ！」

「わお！！」びっくり！

「まぶしい！！」顔を手でかくす

「すわれる～」エビのように後ろに下がる

④1・2・1・2・3・GO！　で　最初に戻ります

バリエーション

「ロケットだ！」 
「ふー」「はー」
鼻に手をあて「はー」で左右に開く

「UFOだ！」 
UFO！
頭の後ろから手を出す

「うちゅうじんだ！」 
「こんにちは！」
となりの人と握手

ポイント

*同じ動作を続けてみたり、いろいろな動作を組みあわせてあそぶと、より盛り上がります。
*小さいクラスは少ない動きで、ゆっくり行うといいでしょう。

宇宙旅行へいこうよ

作詞・作曲／鈴木翼
編曲／大友剛

25 ぐっばいばい　　2〜6歳

あそびの最後は、サヨナラの歌でおしまいです。先生と子ども、親子、子どもだけでもオッケー。
いろいろなところを振ってサヨナラしましょう！

①あっというまにひはくれて（ヘイ！）

①両手をつないで横に歩き、「ヘイ！」というかけ声とともにジャンプする

②さよならのじかんがきました（ヘイ！）

②反対に歩き、「ヘイ！」でジャンプする

③まだまだあそんでいたいけれど

③リズムにあわせ、相手と右手、左手交互にタッチ

④さいごはみんなでさよならしよう

④両手の人さし指で、お互いの体をツンツンとつっつく

⑤だから　ぐっばいばい　ぐっばいばい

⑤向きあって手拍子

⑥おててをふろう

⑥向きあって両手を上げて大きく振る（手のひらは正面向き）

⑦ぐっばいばい ぐっばいばい　⑧さようなら　⑨だから ぐっばいばい ぐっばいばい

⑦向きあって手拍子 　⑧正面を向いておじぎをする 　⑨向きあって手拍子

⑩あたまをふろう　⑪ぐっばいばい ぐっばいばい　⑫さようなら

⑩向きあって腰に手をあて頭を左右に振る　⑪向きあって手拍子 　⑫正面を向いておじぎをする

⑬だから ぐっばいばい ぐっばいばい　⑭おしりをふろう　⑮ぐっばいばい ぐっばいばい

⑬向きあって手拍子 　⑭向きあって腰に手をあておしりを左右に振る　⑮向きあって手拍子

⑯またあおうね

⑯正面を向いて元気に手を振る

楽譜は次ページ→

ぐっばいばい

作詞・作曲／鈴木翼
編曲／大友剛

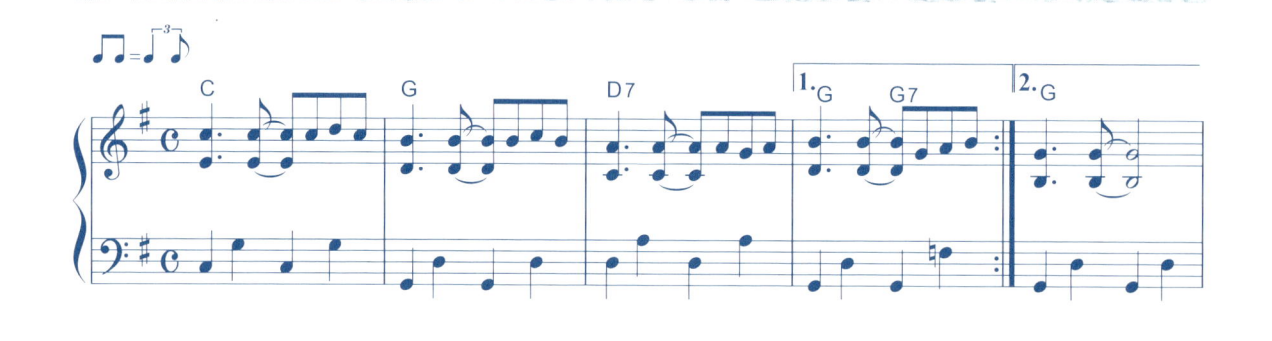

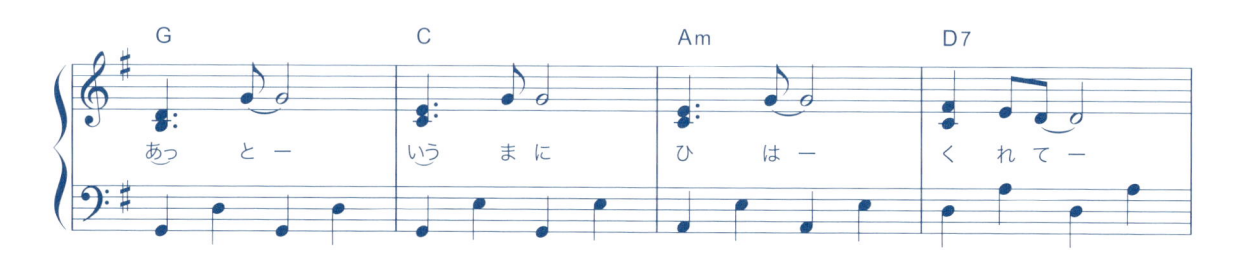

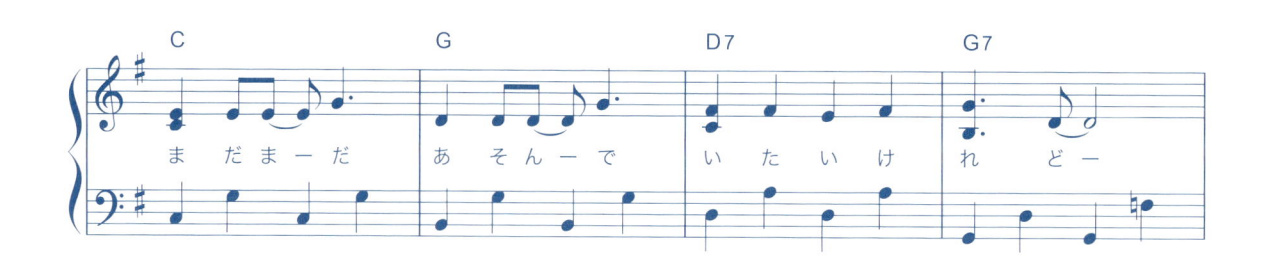

あっとー いうまに ひはー くれてー
さよー ならのーじかん がきました
まだまだ あそんーで いたいけ れどー
さいごーは みんなーで さよならーしようー だから

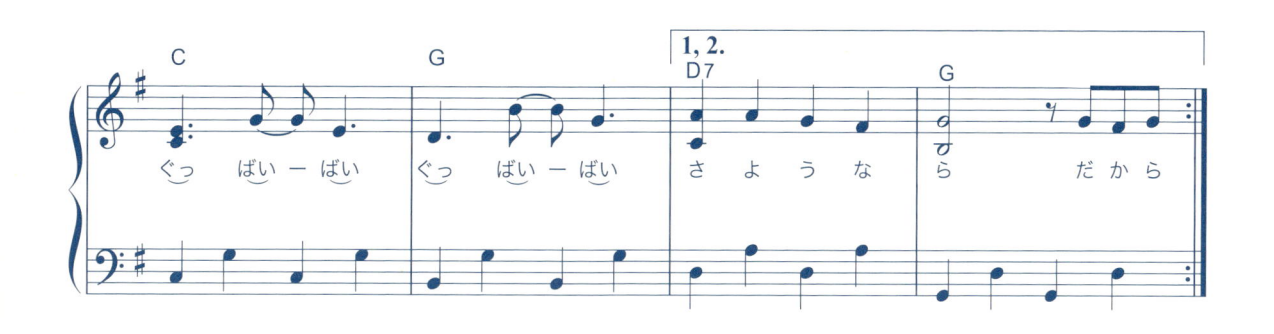

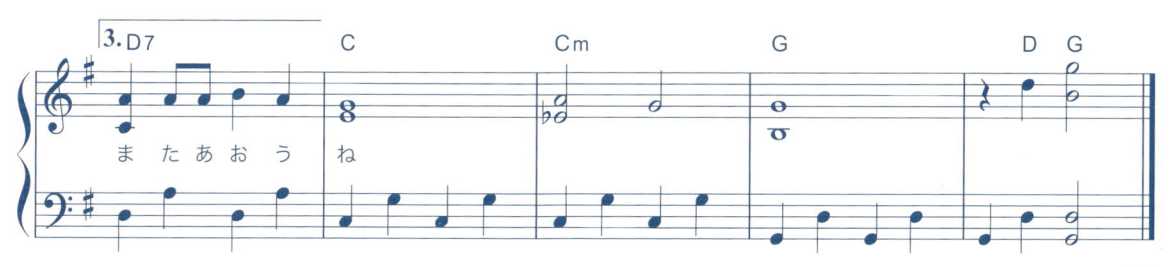

C	G	D7	G
ぐっ ばい ー ばい	ぐっ ばい ー ばい	お て て を あ た ま り を お し り を	ふ ろ ー う ー

C	G	**1, 2.** D7	G
ぐっ ばい ー ばい	ぐっ ばい ー ばい	さ よ う な ら	だ か ら

3. D7	C	Cm	G	D　G
また あお う ね				

あそび歌をつくるということ

　僕のつくった歌を、幼稚園や保育園で歌っています、あそんでいますと言っていただくことがあります。

　その時は必ず、どうやってあそんだのですか？　と聞いています。

　すると、僕が思いつかないような方法で、子どもたちとあそんでくれていることが多いのです。

　ある日、現場での実践報告を聞きました。いつものように、どうやってあそんだのですか？　と聞いてみてびっくり！　なぜかというと、僕がつくったあそびは手あそび。でも、その先生は手あそびをしないで、その歌だけをつかって椅子取りゲームであそんだというではありませんか。

　手あそびはどこいっちゃったの？　と思わずツッコミたくなりましたが、でも、考えているうちに、なんだかうれしくなりました。

　目の前の子どもにあそびをあわせていく、それが一番です。そして、子どもたちと先生だけの新しいあそびが生まれていく。広がっていく。そして、それがいつか伝承あそびのように伝わっていく。

　それは作り手としては、とても幸せなことだと思います。

　　保育士をやめてあそび歌をつくる仕事を僕ははじめました。それはこれからも続けていきたいと思っています。

　子どもたちが大笑いしちゃうような歌を。遊びを。もっともっとたくさんつくっていきたいです。

　いつの日か、先輩の中川ひろたかさんや新沢としひこさんのような、いつまでも歌い継がれていく歌のつくり手になれる日を目指して！

Part 4
歌ってGO!

たくさんある歌の中から、特に子どもたちと一緒に歌ってもらいたいと思うものを、掲載させていただきました。
いつの日か、通りかかった保育園や幼稚園から、これらの歌が聞こえてくる日を夢見て…。

おいけのハーモニー

作詞／鈴木翼
作曲／中川ひろたか
編曲／大友剛

かないけに あま つぶひとつ ポタンとそらから おちてきて する
かないけが さわ がしいので さかーなたちもー やってきて する

とカエルの おやぶんが おお きなこえで いいました
とカエルの おやぶんが おお きなこえで いいました

あめがふるぞ あめがふるぞ みんないっしょに うたうぞぼっ
さかなたちよ カエルたちよ みんないっしょに うたうぞさか

つん あめが おお つぶにかわり カエルのこえと ハー モニー ぽっ
なの こえが い けにひびき カエルのこえと ハー モニー

中川ひろたかさんとはじめて作った曲。カエル、魚、雨つぶにわかれて歌ってみると、子どもたちのハーモニーがとてもステキです。発表会や梅雨の時期にもぴったりの歌です。

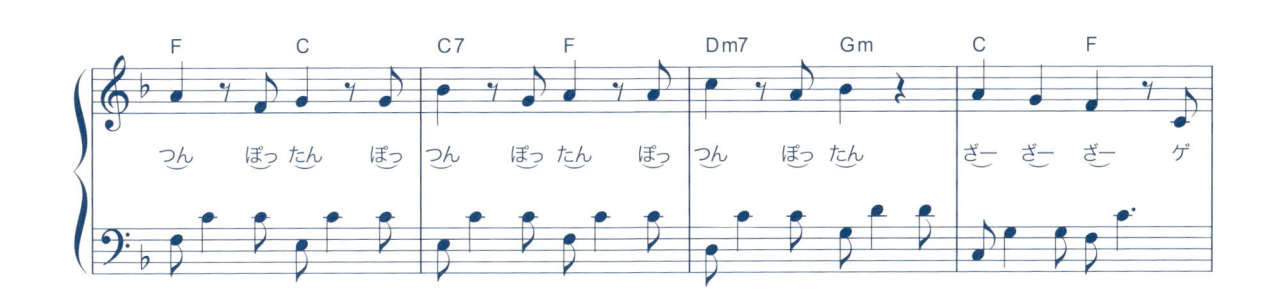

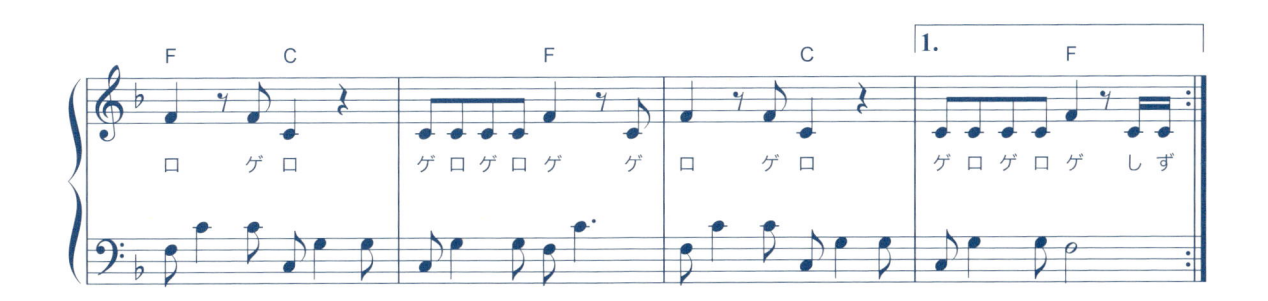

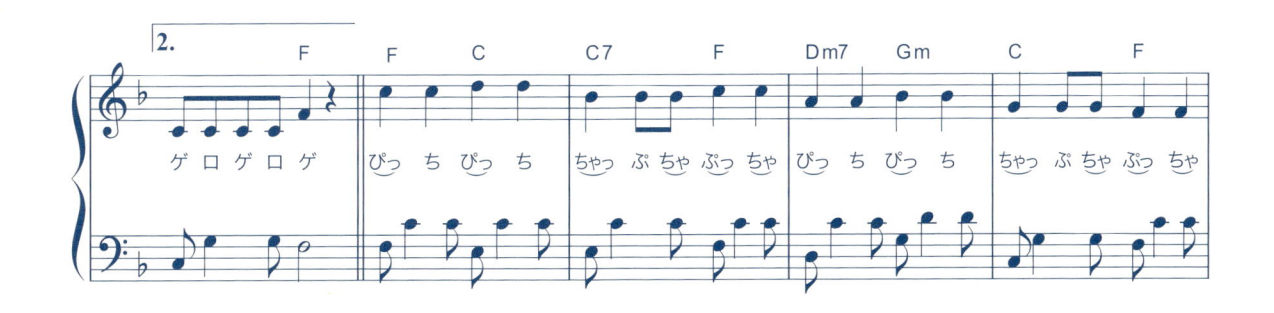

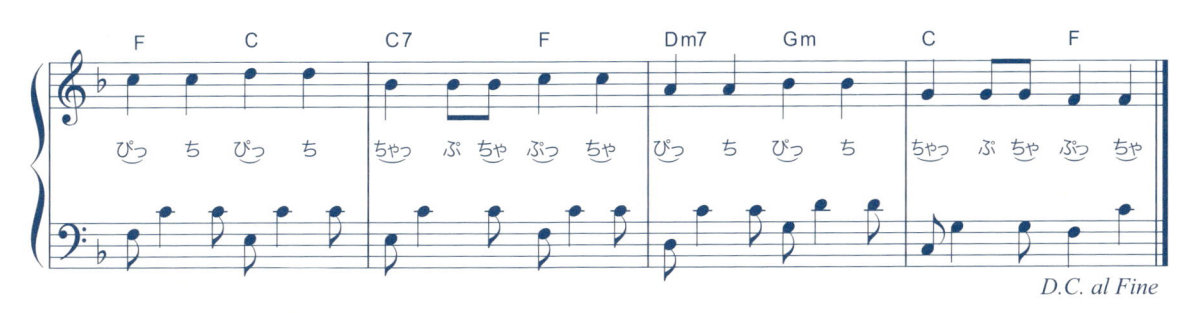

D.C. al Fine

春はルンバルンバ

作詞／鈴木翼
作曲／中川ひろたか
編曲／大友剛

春のそよ風が吹いてくるようなきれいな歌です。
晴れた春の日に、子どもたちと一緒に歌ってください。

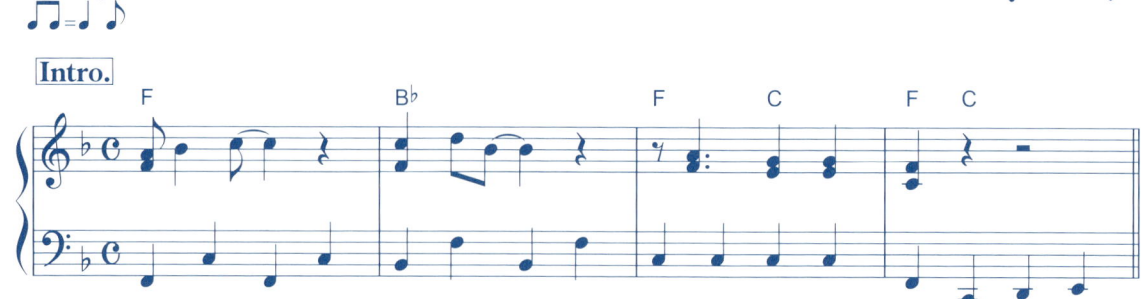

※1番・2番の振り付けは共通

①あおぞらひかって おはなもうたってる
①両手を大きく振る（4回）

②ちいさな ありんこも
②両手を頭にのせ、かがんで立つ（2回）

③ちょっとジャンプする
③腰に手をあて左右にジャンプ（4回）

④はるはルンバルンバ　はるはルンバ　はるのかぜに　ふかれて　ルンバルンバ　はるはルンバ 
④両手を振りながら左右へ2歩ずつステップを踏む（くり返す）

⑤そよかぜきぶん
⑤片手ずつ、相手の肩に手を乗せる

⑥（フー）
⑥最後に息を吹きかけあう

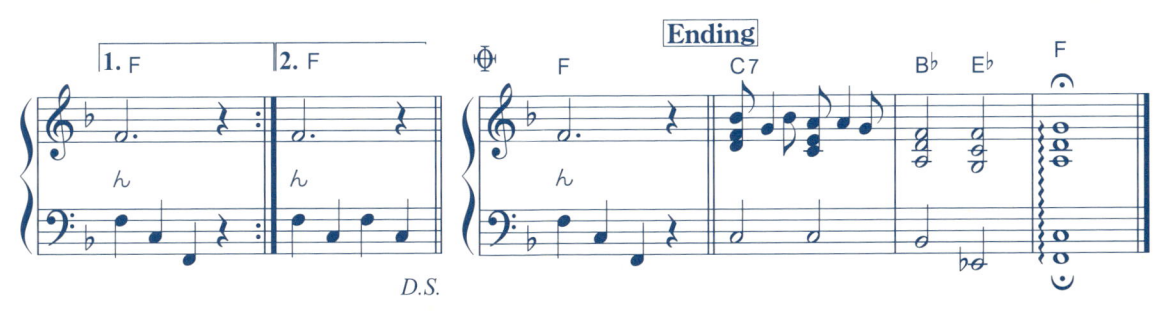

どろきょうりゅう

作詞／鈴木翼
作曲／中川ひろたか
編曲／大友剛

物語になっている歌ですが、ちょっと悲しさもあります。歌を聴いた後に、子どもたちに絵を描いてもらうのもいいかもしれません。ひとりひとりの子どもの中に、自分だけの〝どろきょうりゅう〟が、きっと表れてくれるでしょう。

きのような　どろだんご　ころんでおとして　われちゃった　か
ちゃなどろの　きょうりゅうと　まいにちまいにち　あそんでたすな
ひプールには　いっていると　どろのきょうりゅう　やってきただめ
てしまった　　どろきょうりゅう　みーんなみーんな　あいたくてどろ

なしくってな　いていたら　なかからきょうりゅう　でてきたよちっ
でつくったプ　リンケーキ　どんどんたべて　おおきくなったおお
だよだめだよ　おさえても　プールのなかに　はいっちゃうんだおお
のおだんごつく　ってわった　だけどきょうりゅうは　でてこなかったふー

ちゃなどろの　きょうりゅうは　あおいきれいな　めをしてねながっ
きなどろの　きょうりゅうは　あおいやさしい　めをしてねながっ
きなどろの　きょうりゅうは　あおいかなしい　めをしてねどん
ゆがすぎては　るになって　すべりだいのした　のぞいたらちい

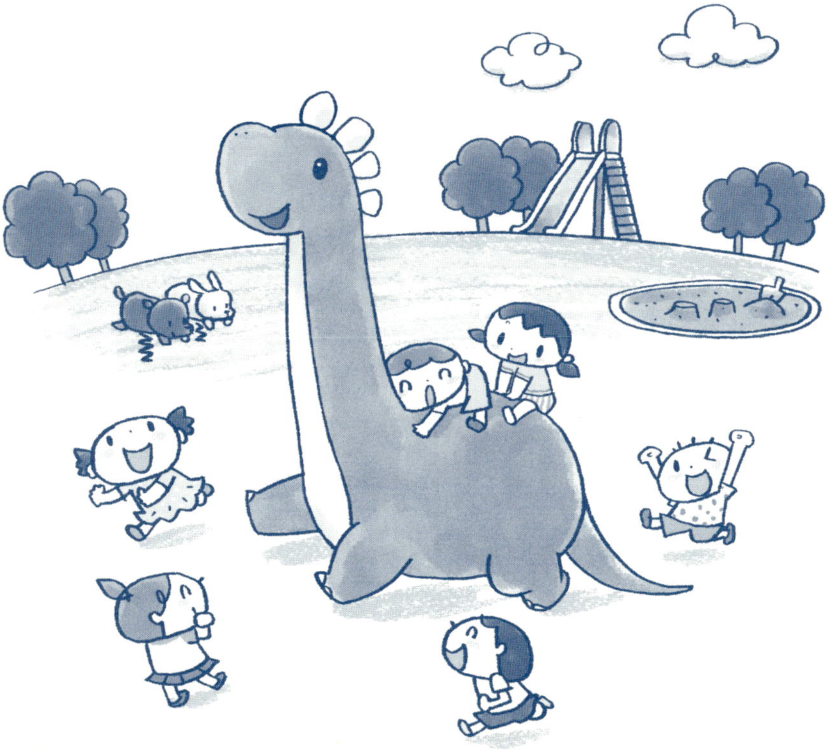

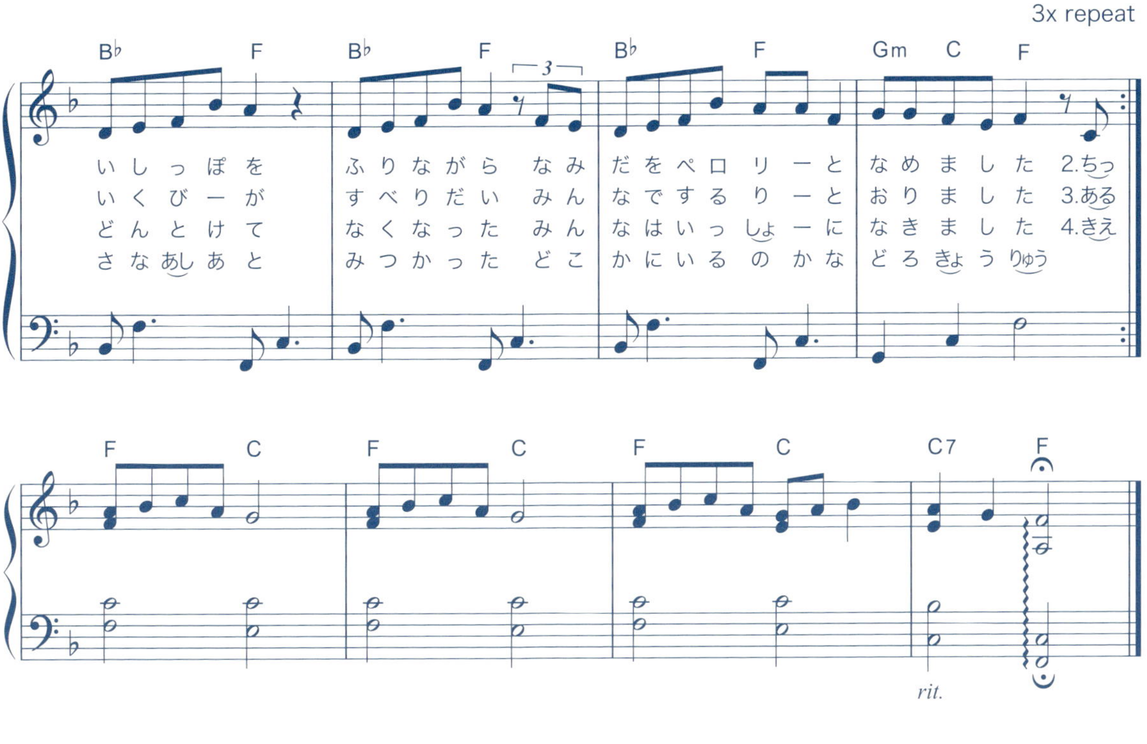

ほしのようにかぜのように

卒園は少し寂しいです。それはどちらかというと大人の気持ち。子どもたちは前を向いています。寂しい気持ちより、大きくなるうれしさの方が多いかもしれません。でも、星や風のようにいつまでもいる友だちのことを思い出してほしい、そんな気持ちで詩を書きました。

作詞／鈴木翼
作曲／中川ひろたか
編曲／大友剛

1. さようならは さみしいけど ともだちでいようよ そ
   らのかなたで ひかっている あのほしのように
   ほしを みたら おもい だそう い

2. いすきだから さみしいけど ともだちでいようよ そ
   っとやさしく ふーいている あのかぜのように
   かぜが ふい たら おもい だそう い

B♭ C7 Am7 Dm7 Gm7 C7 1.F
っ しょ に あ そ ん だ と も だ ち の こ と
っ しょ に う た っ た と も だ ち の こ だ
2.F B♭ F C
と ほ し の よ う に か ぜ の よ う に い つ ー ま ー で ー
F C7 B♭ F/A Gm7 F
も い つ ー ま ー で ー も
rit.

GO!GO! あそびうた 分類さくいん

あそび名（あいうえお順）	あそびの種類	年齢の目安	子育て支援に役立つ遊び	ページ
宇宙旅行へいこうよ	表現あそび	2～6歳	🐼	74
おいけのハーモニー	歌	全員		82
おえかきしちゃいましょ	ふれあいあそび	0～6歳	🐼	18
ぎゅーっぽん!!	体操	1～6歳	🐼	24
ぐっばいばい	ふれあい／親子あそび	2～6歳	🐼	76
ぐるぐるぱっ	手あそび	2～6歳	🐼	12
ケータイがなっている	ふれあいあそび	0～6歳	🐼	16
こころがおどる	体操／表現あそび	1～6歳	🐼	50
ゴトゴンでんしゃ	集団あそび	1～6歳		22
サンタさんといっしょに	ダンス／集団あそび	2～6歳		66
すなばでカフェラッテ	手あわせあそび	4～5歳		68
せんたくサンタクロース	ダンス／表現あそび	3～6歳		56
どっちちどっち	スケッチブックシアター	2～6歳	🐼	40
どろきょうりゅう	歌	全員		86

あそび名（あいうえお順）	あそびの種類	年齢の目安	子育て支援に役立つ遊び	ページ
なまえをよぶよ	声かけあそび	0～6歳	🐼	10
ハサミムシ	ふれあいあそび	1～6歳	🐼	11
はみだしたチーズ	表現／親子あそび	0～6歳	🐼	8
春はルンバルンバ	歌／ダンス	全員 ※ダンスは3歳から		84
ひみつのくすり	紙皿シアター	2～6歳		28
ふっふっふー	ふれあいあそび	0～2歳	🐼	14
へそダンス	ダンス	2～6歳	🐼	62
ペープサート3種	ペープサート	2～6歳		30
ほぐせ！からだじゅう	ダンス（準備体操）	2～6歳		58
ほしのようにかぜのように	歌／卒園	全員		88
ぽんぽんぽん	ふれあいあそび	0～2歳	🐼	20
まほうのとびら	体操／親子あそび	0～6歳	🐼	52
3つのとびら	封筒シアター	0～6歳	🐼	46
みてみてサーカス	ふれあい／表現あそび	0～6歳	🐼	72
やわらかなうた	ダンス／表現あそび	2～6歳		54

本書の あそびうた 収録 CD

♪こころがおどる　p.50
♪すなばでカフェラッテ　p.68
♪おいけのハーモニー　p.82

CD／こころがおどる
2008（ソングレコード）に収録

♪はみだしたチーズ　p.8
♪ケータイがなっている ※CDでは「ケイタイがなっている」 p.16
♪まほうのとびら　p.52
♪ほぐせ！からだじゅう　p.58
♪サンタさんといっしょに　p.66

CD／はみだしたチーズ
2009（ソングレコード）に収録

♪ゴトゴンでんしゃ　p.22
♪やわらかなうた　p.54
♪せんたくサンタクロース　p.56
♪みてみてサーカス　p.72
♪春はルンバルンバ　p.84
♪どろきょうりゅう　p.86

CD／ゴトゴンでんしゃ
2010（ソングレコード）に収録

「こころがおどる」500円（税込）
「はみだしたチーズ」「ゴトゴンでんしゃ」1,000円（税込）
問い合わせ先／ソングブックカフェ tel.046-738-6900（代）
http://www.songbookcafe.com/

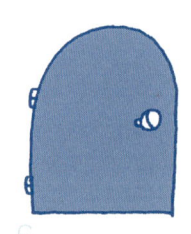

初出〜掲載誌・CD 一覧

- 【ぎゅーっぽん！！】p.24
  → 「あそびと環境 0.1.2 歳」（学研）2006 年なつ号
  （※掲載時の名称は「ぎゅーぽん!!」）

- 【なまえをよぶよ】p.10
  → 「Piccolo」（学研）2008 年 8 月号 CD

- 【ふっふっふー】p.14
  【へそダンス】p.62　★第 9 回ラポム大賞（学研）入選曲
  → 「あそびと環境 0.1.2 歳」（学研）2009 年 4・5 月号 CD

- 【はみだしたチーズ】p.8
  【ケータイがなっている】p.16
  【まほうのとびら】p.52
  【ほぐせ！からだじゅう】p.58
  → 「Piccolo」（学研）2009 年 8 月号

- 【サンタさんといっしょに】p.66
  → 「Piccolo」（学研）2009 年 11 月号

- 【ペープサート 3 種】p.30
  → 「Piccolo」（学研）2010 年 4 月号
  （※掲載時の名称は「『おはよう』ペープサート」／「『おやすみなさい』ペープサート」
  　／「『またあした』ペープサート」）

- 【3 つのとびら】p.46
  → 「Piccolo」（学研）2010 年 9 月号

- 【ひみつのくすり】p.28
  → 「保育とカリキュラム」（ひかりのくに）2011 年 4 月号

- 【どっちどっち】p.40
  → 「Piccolo」（学研）2011 年 6 月号

あとがき

　今回のこの本は、今までつくってきた歌の中で、本に収録されていなかったもの、楽譜がなかったもの、あそび方が動画のみだったものなどを中心に、載せさせていただきました。また、あそび歌をつくりはじめた初期のものも、本書で日の目を見ることができました。自分の作品をまとめることができ、こんなにうれしいことはありません。

　そして今回、いくつかコラムも書かせていただきました。僕の子どもの頃の話や、保育士をやめてフリーになり、あそび歌をつくりはじめ、今にいたるまでのことなどです。それは、自分自身を振り返るきっかけにもなりました。そしてあらためて思ったのは、今の自分があるのは、本当にたくさんの方のおかげだということです。僕ひとりの力なんてちっぽけなものです。たくさんの方の応援があり、今があります。

　少し大げさかもしれませんが、出会ったすべての方に感謝をしたい気分です。本当にありがとうございました。

　この本には、僕の原点があります。子どもたちとあそびながら歌をつくりはじめた頃の自分がここにいます。ページを開くと、あそびとともに、その時の情景や匂いまで感じることができます。本書制作にあたり、力をかしてくださった関係者の方々に深く感謝しています。

　たくさんの歌が子どもたちとの間に、これからも流れていくことを願っています。本書を手に取ってくださったみなさん、本当にありがとうございました。

　そしてなにより、僕を見出してくれた中川ひろたかさんに心よりの感謝を!!

鈴木　翼

Profile

鈴木 翼（すずき つばさ）

私立保育園、子育て支援センターに8年勤務後、2009年あそび歌作家へ。
保育者向け講演会のほか、保育雑誌への執筆、親子コンサートや保育園、幼稚園、子育て支援センターなどであそび歌ライブを行っている。

©Shinya Aizawa

◆主な著書
『鈴木翼のちょこっとあそび大集合！』（ひかりのくに）
『鈴木翼のとっておきあそび大集合！』（ひかりのくに）
絵本『なんでやねん』『どろきょうりゅう』（世界文化社）

カバー／本文タイトルデザイン　森近恵子
　　　　　　　　　　　　　（アルファ デザイン）
　　　　　　　カバーイラスト　ｒｉｋｋｏ
本文イラスト（コラムほか）　大森裕子
本文イラスト（Part1 ほか）　円山　恵
本文イラスト（Part2 ほか）　ハセチャコ
　　　　　　　　楽譜浄書　　大友　剛
　　　　編集・楽譜浄書　　山縣敦子

鈴木翼の GO! GO! あそびうた

2012 年 2 月 10 日　初版第 1 刷発行
2019 年 1 月 31 日　初版第 4 刷発行

著　者　鈴木　翼
発行人　西村保彦
発行所　鈴木出版株式会社
　　　　〒 101-0051　東京都千代田区神田神保町 3-5
　　　　　　　　　　住友不動産九段下ビル 9F
　　　　TEL. 03-6774-8811　FAX. 03-6774-8819
　　　◆ http://www.suzuki-syuppan.co.jp/
　　　　振替　00110-0-34090
印刷所　図書印刷株式会社

Ⓒ T.Suzuki, Printed in Japan 2012　　ISBN978-4-7902-7233-5　C2037
乱丁、落丁本は送料小社負担でお取り替え致します（定価はカバーに表示してあります）。　　日本音楽著作権協会（出）許諾第 1117104-904 号
本書を無断で複写（コピー）、転載することは、著作権法上認められている場合を除き、禁じられています。